Découvrez l'histoire par les archives de presse

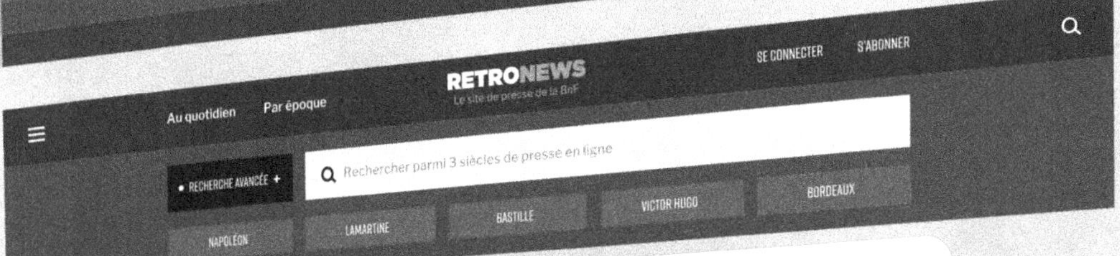

RETRONEWS
Le site de presse de la BnF

www.retronews.fr

Société Archéologique et Historique

DE CLERMONT

PROCÈS-VERBAUX

ET

COMMUNICATIONS DIVERSES

1903

CLERMONT (OISE)
Imprimerie du *JOURNAL DE CLERMONT*
Rue de Condé, 70

Société Archéologique et Historique

DE CLERMONT

PROCÈS-VERBAUX

ET

COMMUNICATIONS DIVERSES

1903

CLERMONT (OISE)
Imprimerie du *JOURNAL DE CLERMONT*
RUE DE CONDÉ, 70

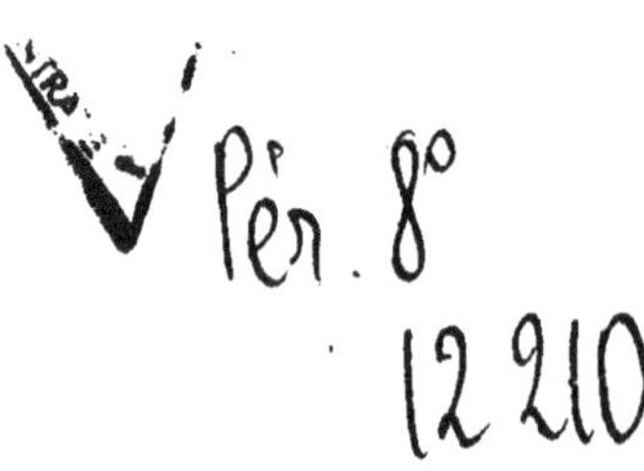

Société Archéologique et Historique

DE CLERMONT

PROCÈS-VERBAUX

ET

Communications diverses

1903

Séance du 22 janvier

PRÉSIDENCE DE M. SÉVRETTE

Sont présents : MM. l'abbé Beaudry, Breuil, Garet, le docteur Joly, Lacaux, Leclerc, Recullet, Samson, Sévrette, Tarlier, Tassart, Tremblay, Viez.

Absents excusés : MM. l'abbé Chotard, le docteur Parmentier, Pouillet, malade, Vitrant, le docteur Zègre.

M. Sévrette remercie ses collègues de l'avoir porté à la vice-présidence. Puis il donne la parole à M. le secrétaire pour la lecture du procès-verbal, qui est adopté.

COMMUNICATIONS DIVERSES

M. le secrétaire s'acquitte de l'agréable mission dont l'a chargé M. le comte de Luçay : redire aux membres de la Société combien il est sensible au choix qu'ils ont fait de lui pour président d'honneur.

M. Beaudry annonce qu'après des démarches dans lesquelles M. Tarlier l'a secondé avec sa bonne grâce habituelle, il a déclaré à la sous-préfecture de Clermont la constitution de la Société archéologique et historique. Le bureau s'est ainsi conformé à la loi du 1er juillet 1901 et au décret du 16 août suivant sur les associations. Le récépissé de la déclaration et des pièces annexées (deux exemplaires des statuts et une liste des administrateurs) est daté du 19 janvier 1903. Il ne reste plus qu'à rendre cette déclaration publique par une insertion au *Journal officiel*.

M. Beaudry attire l'attention des membres présents sur une thèse latine qui vient de paraître sous ce titre : *De Lud. Charondæ (1534-1613) vita et versibus*. L'auteur, M. F. Gohin, agrégé de l'Université, traite successivement de la vie et des œuvres en vers de Louis Le Caron Charondas. Dans sa préface, il paie un légitime tribut à la science et à l'obligeance de M. Pouillet, président, qui lui a envoyé de précieuses notes et les actes de baptême des enfants de Louis Le Caron, extraits des registres paroissiaux de Saint-Samson.

L'ouvrage est ainsi divisé : 1° Vie et études de Charondas ; 2° ses poésies. La première partie est une rapide biographie de Charondas avec quelques détails sur ses études juridiques, morales et philosophiques, ainsi que ses préférences pour Platon. Dans la seconde partie, M. Gohin recherche en quoi son héros imita Ronsard et les autres membres de la Pléiade, comment il comprit la poésie et jusqu'à quel point il fut doué de la veine poétique. Un chapitre est consacré au lexique de Charondas, à ses prétentions de créer des mots français non plus calqués sur des vocables latins ou grecs, mais traduits servilement par leurs équivalents. Il ressort de ce chapitre fort intéressant que Charondas tenta une innovation· dont le succès fut, comme il l'eût écrit lui-même, « larmoiable » et dans laquelle, remarque malicieusement un de ses biographes : « il perdit son françoys. »

La conclusion est celle ci : Charondas eut plus d'aspirations artistiques et d'application que de réel talent poétique. Trois appendices renseignent le lecteur sur la descendance de Charondas, la liste complète de ses ouvrages, ses lettres de noblesse.

M. Beaudry. — *Documents concernant l'école de charité à Breuil-le Sec (1785-1787).*

M. le secrétaire établit d'abord, d'après les registres de catholicité et le pouillé de 1707, la liste des maîtres d'école de Breuil-le-Sec depuis 1664. A cette époque, Jean Jacob exerçait les fonctions de clerc-laïc. En 1681, Étienne Boullet signe en cette qualité, de même en 1702 Claude Blasset; et de 1728 à 1732, François-René Chevallier, inhumé dans l'église. Louis Lejeune lui succède. Puis Nicolas Leschevin, auquel sa rigidité valut le surnom de « Nul-s'y-

frotte », tient l'école pendant quarante-six
ans (1738-1784). En 1789, Louis Prosnier
était clerc-laïc. Il démissionna le 28 novembre 1790. Le même jour, l'assemblée
des habitants élut en sa place Jean Jacques
Leroux, d'Epineuse. Le procès-verbal qui
relate le fait énumère les obligations mul-
tiples et les rétributions diverses du nouveau titulaire, et, ajoute le registre, « il
jouira du logement paroissial destiné au
maître d'école. »

C'est précisément au sujet de l'emplace-
ment de l'école qu'eut lieu une enquête
qui dura deux ans. Toutes les pièces s'y
rapportant sont conservées à la mairie de
Breuil-le-Sec. M. Beaudry s'attache à suivre
les différentes phases de l'enquête et à
recueillir en même temps des indications
curieuses sur la marche et les frais de la
procédure et sur les conditions économi-
ques d'un village prospère à la fin du xviii\u00b0
siècle.

D'après un plan de 1760, l'école était à
quelque quarante pas de l'église. Elle fut
transférée dans un autre local par la suite.
Pour la rapprocher de l'église, les habitants
se proposèrent d'acheter une maison, dans
la rue allant du cimetière à la place, appar-
tenant à Jean Leschevin, fils de Nicolas
Leschevin, et à Geneviève Dufour, tous
deux de Rosoy. Acte de la promesse de
vente au prix de onze cents livres fut dressé
le 30 octobre 1785. Des lettres patentes du
roi Louis XVI (mai 1786) autorisaient l'ac-
quisition projetée. Les fonds nécessaires
provenaient d'une somme de quinze cents
livres que le seigneur de la paroisse,

Thomas-Eléonore Ribaut, sieur de Nointel, abandonnait aux habitants.

Avant d'enregistrer les lettres patentes, le Parlement prescrivit « qu'on informât de la commodité et incommodité » que pourrait « aporter la permission accordée aux impétrants d'acquérir une maison et terrein en dépendant, contenant environ quinze verges ». En conséquence, maître Joseph · Samson Bosquillon, doyen des avocats professant au bailliage de Clermont et y suppléant les gens du roi, requit, le 2 août 1786, Jean-François Castoul, lieutenant-général civil et criminel, de convoquer des témoins et de désigner un expert pour vérifier l'état des lieux. On entendit donc Pierre Davenne, vicaire de Saint-Samson, plus tard curé de Breuil-le-Sec ; Silvain Binder, gardé général de la maîtrise particulière des eaux et forêts de Clermont ; Nicolas Hévin, directeur de la poste aux lettres ; Jacques Douay, ancien greffier du bailliage ; Jean-Baptiste Poilleux, curé de Nointel ; François Martin, prévôt fermier de Becquerel, paroisse de Fitz-James. Tous furent d'avis que, à cause de l'étendue de la paroisse, ayant trois hameaux : « Crapin, Houtreville et Serrecamp » (sic), il était expédient que le maître d'école fût logé près de l'église pour aider plus facilement le curé dans l'administration du baptême aux enfants ou des derniers sacrements aux malades. Plusieurs affirmèrent, en outre, que « l'occasion ne se trouverait peut-être pas si favorable dans le courant d'un siècle », parce que « cette paroisse est fort peuplée et que les logements y sont très rares. » — De son côté, l'expert nommé d'office estima la maison et les dépendances mille quatre-vingt-quinze livres quinze sous.

L'évêque de Beauvais, François-Joseph de La Rochefoucauld, approuva le dessein des habitants de Breuil-le-Sec, le 8 août 1786. Aussi, le 21 janvier 1787, le syndic et les marguilliers prièrent Arnauld, notaire de Nointel, de presser l'enregistrement des lettres patentes. Il fut ordonné le 26 février 1787, et après consentement du sieur de Nointel ; à preuve un extrait (parchemin) des registres du Parlement. On pouvait, dès lors, acheter la maison en question moyennant la somme de onze cents livres. Les réparations indispensables devaient être soldées avec le surplus, quatre cents livres, des quinze cents livres accordées par le sieur de Nointel « pour une écolle de charité » prises sur les arrérages des censives de 1783 à 1785 inclusivement et à lui dues dans cette paroisse.

Telle fut l'heureuse issue de l'affaire. L'ancienne école n'existe plus. L'endroit où elle était bâtie est compris aujourd'hui dans le jardin potager de M. E. Leclerc, le long du cimetière et de la mare, en bordure sur la rue des Etournelles.

Après cette communication, on s'ajourne au 19 février et la séance est levée.

Séance du 19 février 1903

—

PRÉSIDENCE DE M. SÉVRETTE

—

Assistent à la séance : MM. l'abbé Beaudry, Breuil, Chantareau, Gramaccini, Gueudré, le docteur Joly, Labitte, Lacaux, Latteux, le docteur Parmentier, Recullet, l'abbé Ronsmans, Samson, Sévrette, Tarlier, Trouvain, l'abbé Toullet, Viez, le docteur Zègre.

Se sont excusés : MM. l'abbé Chotard, Delamarre, Stephen Gorlin, Plessier, Plivard, Renaud et Vitrant.

Le procès-verbal de la séance du 22 janvier est adopté.

COMMUNICATIONS DIVERSES

M. le vice-président lit les lettres parvenues au bureau à l'occasion du décès du distingué fondateur et président de la Société archéologique et historique, M. Pouillet. Elles émanent de M. le comte de Luçay. qui a appris avec un vif chagrin la triste nouvelle; — de M. H. Quignon, interprète des regrets confraternels de la Société académique de l'Oise, auxquels il joint un hommage personnel et ému à la mémoire de celui qui cherchait à mettre en valeur l'histoire locale et les beautés de la région ; — de M. Dupuis, président du Comité archéologique de Senlis, qui transmet l'expression de sa sincère sympathie et de celle des membres du Comité de Senlis ; — de M. le chanoine Marsaux et de M. Renaud, qui offrent leurs condoléances à leurs collègues.

M. le secrétaire ajoute que la Société historique de Compiègne avait délégué aux obsèques de M. Pouillet, son vice-président' M. L. Plessier.

Les membres présents chargent M. le secrétaire de remercier M. Plessier et toutes les personnes qui ont bien voulu donner à la Société archéologique et historique ces témoignages spontanés de touchante solidarité. Ils prient, en outre, M. le vice président d'assurer la famille de M. Pouillet qu'ils prennent une grande part à l'affliction et à la peine qu'une mort si prématurée entraîne avec elle. Puis, M. Sévrette évoque en ces termes l'attachante figure du défunt :

Messieurs,

Depuis notre dernière réunion, nous avons eu la douleur de voir notre cher président emporté par un mal qui le minait depuis longtemps, sans qu'il fût possible de le guérir ou d'atténuer ses souffrances. Ce deuil, qui frappe une famille des plus honorables et des plus sympathiques, est aussi un deuil pour la Société que M. Pouillet avait pris l'initiative de fonder. Ceux qui le connaissaient apprécient dans toute sa triste étendue la perte que font en lui non seulement sa famille, mais aussi ses amis, ses collègues et ses concitoyens.

Je ne veux pas retracer la carrière si bien remplie de notre regretté président, mais je crois devoir dire ici quel fut son rôle comme bibliothécaire de la ville et comme membre fondateur de la Société archéologique et historique.

Lorsqu'il entreprit de réorganiser la bibliothèque avec un dévoûment, un désintéressement dont nous,avons été témoins, il ne se dissimula pas que la tâche qu'il assumait serait longue et pénible. Mais tout préparé à cette œuvre par ses aptitudes particulières et ses travaux antérieurs, et par le souci qu'il prenait de ses propres livres, il procéda avec une méthode précise au classement des ouvrages communaux qui jusqu'ici s'étaient rangés d'eux-mêmes sur les tablettes de leur choix, et, en même temps qu'il assignait à chaque volume la place qui lui convenait le mieux, il formait peu à peu, d'après les conseils d'un bibliothécaire des plus compétents, attaché à notre Bibliothèque nationale, ce catalogue si remarquable sous tous les rapports, où les 12.000 volumes sont classés dans un ordre parfait et d'une extrême commodité pour les chercheurs. Cette besogne écrasante a peut-être contribué à développer la maladie dont M. Pouillet souffrait déjà.

Nous avons eu l'amer regret de déplorer que les travaux de M. Pouillet n'aient pas été récompensés selon leur importance. Nommé officier d'Académie en 1897, distinction qu'obtient si facilement un employé subalterne d'un ministère quelconque ou un membre obscur d'une société ignorée, il avait, après plusieurs années, de justes droits à la rosette d'officier de l'Instruction publique. Mais cette tardive satisfaction lui a été refusée. La seule récompense qui ne lui fera pas défaut, et qui sera plus durable que toute autre, c'est l'hommage unanime de notre profonde reconnaissance.

Lorsque son entreprise fut menée à bien, il lui vint l'idée de grouper en une Société d'élite ceux de nos concitoyens qui se sentaient le goût ou qui avaient le loisir d'étudier le passé de notre région, au point de vue archéologique et historique.

Il proposa son projet discrètement
d'abord, comme pour sonder le terrain,
s'assurant de la bonne volonté de ses
amis et des personnes dont il avait con-
quis l'affectueuse sympathie, et quand il
se crut certain de pouvoir compter sur un
nombre suffisant d'adhérents, il exposa
ses idées au grand jour et convoqua les
futurs sociétaires. Une soixantaine de personnes répondirent à son appel et la
Société était fondée.

Entre temps, il avait poursuivi l'accomplissement d'une conception qui lui tenait
au cœur. Il était l'âme d'un comité formé
pour l'érection d'un monument au savant
géographe Cassini. Il avait rêvé de lui
consacrer une statue de grandeur natu-
relle, croyant rencontrer partout l'enthousiasme qui l'animait. Mais, hélas ! il eut à
lutter contre l'indifférence et l'inertie. et
les sommes perçues permirent tout juste
de faire la dépense d'un buste. L'inauguration cependant se fit avec solennité et
M. Pouillet put enfin assister à la réalisa-
tion du rêve qu'il caressait.

Il appartenait à cette classe d'hommes •
laborieux qui trouvent leur plus profonde satisfaction dans l'accomplissement
du devoir. Son expérience des hommes et
des choses lui avait montré depuis
longtemps que le dernier mot de la vie
est de travailler au bien sans relâche, de
faire simplement ce qu'on doit et de té-
moigner à ses semblables bonté et sympathie. Ces deux qualités lui avaient ga-
gné le cœur de ses concitoyens.

Ses collègues du Conseil municipal l'es-
timaient et l'aimaient pour la courtoisie
et la sûreté de ses relations avec eux. On
peut, sans exagération, dire de lui qu'il a
réalisé le type de l'homme de bien.

Nous avons maintenant un devoir à

remplir envers la mémoire de celui qui nous a donné l'existence, c'est d'empêcher que son œuvre ne languisse et ne périclite et de travailler de tous nos efforts à son développement et à sa prospérité.

Les applaudissements des auditeurs prouvent que tous s'associent à cet éloge si mérité et si vrai du fondateur de la Société.

M. Beaudry informe ensuite ses confrères qu'à la date du 28 janvier dernier, le *Journal officiel* a publié l'insertion suivante obligatoire : « Le 19 janvier 1903, a été déclarée à Monsieur le sous préfet de Clermont-de-l'Oise la constitution d'une association ayant pour titre : « *Société archéologique et historique de Clermont.* But : toutes recherches, études, publications pouvant servir à l'histoire de l'arrondissement de Clermont. Siège : Hôtel de Ville de Clermont ». Le bureau a donc rempli toutes les formalités prescrites par la loi.

DONS A LA SOCIÉTÉ

De la Société historique de Compiègne :

1° Dix volumes de son « Bulletin ». (Années 1869 à 1902.)

2° Procès-verbaux et rapports de onze années. (Fascicules).

3° Excursions archéologiques de 1875 à 1900.

4° Le camp de Compiègne de 1739, par Scellier. (Brochure).

5° Les Francs-Archers de Compiègne (1448-1524), par le baron de Bonnault d'Houët.

6° Description des fouilles archéologiques exécutées dans la forêt de Compiègne, par V. Cauchemé. (Brochure).

7° L'alimentation à Compiègne. (Bouchers et pâtissiers), par MM. Bazin et Mauprivez.

Cet envoi est fait à titre d'échange. L'assemblée se déclare très reconnaissante et fort sensible à cette amabilité de son illustre devancière de Compiègne. Elle décide de lui adresser son premier « Bulletin », et, par la suite, toutes ses publications.

LECTURE

M. BEAUDRY. — *Notes sur l'histoire de l'abbaye et de la paroisse de Breteuil, pendant la première moitié du XVII*e *siècle.*

M. le secrétaire cite quelques-uns des documents qu'il a consultés. C'est, en premier lieu, une copie de « l'Histoire de Bretheuil, par R. Vyart, religieux à la même abbaye en 1670 » (petit in-quarto, 634 pages). Le manuscrit original fut d'abord en possession du sieur Labitte, de Campremy, employé autrefois à l'abbaye qui, dans la première moitié du siècle dernier, s'en dessaisit en faveur de M. Tassart dans la famille duquel il est resté jusqu'à présent. Un abrégé de cette histoire a été publié en 1883, à Amiens. (Bibliothèque communale de Clermont. L. Réserve. 137). — D'autre part, le fonds de l'abbaye de Breteuil, aux archives départementales, est très riche et rectifie quelques-unes des assertions de Vyart. Il existe aussi à la Bibliothèque nationale un manuscrit latin intitulé « Epitome cœnobii Brethalii collecta ex integra historia a me conscripta anno 1670, dum Brœtu-

liensis cœnobita ego frater Robertus Wiard
agerem » (mss. lat. n° 12.613, f° 163). Dans
sa compilation sur la Picardie, dom Gre-
nier a évidemment utilisé les deux textes
latin et français de Vyart.

L'abbaye de Breteuil était tombée en
commende dès 1525. Ce fut le commencement de la décadence. L'esprit monastique
disparut peu à peu. Les biens furent dé-
tournés du pieux usage qu'avaient eu exclu-
sivement en vue les donateurs. La situation
s'aggrava jusqu'en 1595, époque où les religieux songèrent à la restauration de la
discipline ancienne. Il fallut un demi-siècle
pour l'obtenir. C'est cette période de tran-
sition et de crise qu'étudie **M. Beaudry**.

En 1595, Henri IV avait octroyé en bénéfice l'abbaye Notre-Dame de Breteuil à
Claude Belot, chanoine de Paris. Celui-ci,
préoccupé de la situation matérielle fort
compromise, dut aliéner plusieurs propriétés :
la ferme de Chouquoy (1) et le fief de la
Bessonne (2). (Archives de l'Oise, série H,
1730). D'autre part, il voulut imposer comme
prieur claustral un religieux auquel il était
lié par un contrat où l'un et l'autre spécu-
laient outrageusement sur leurs devoirs
respectifs : le prieur sacrifiant les intérêts
de l'abbaye, l'abbé s'enrichissant aux dépens des moines. Ces derniers regimbèrent.
Les juges approuvèrent leurs protestations
et leur demande de réforme.

Pendant ces débats, Henri de Bourbon,
prince de Condé, était devenu seigneur de

---

(1) Terroir de Troussencourt.
(2) A Breteuil.

Breteuil. Il lui parut normal, et surtout désirable, d'être pourvu de l'abbaye ; car les
biens d'Eglise lui avaient toujours semblé
de bonne prise. A cette fin, il signa, le 31
août 1610, une transaction avec Belot qui
lui abandonnait Notre-Dame de Breteuil
contre 1500 livres et l'abbaye d'Evron, au
diocèse du Mans. (Id. II. 1722).

L'abbé putatif de Breteuil fut l'aumônier
du prince, Robert le Messier, prête-nom
auquel restait acquis le titre honorifique,
tandis que son maître s'emparait des revenus. Les moines furent confinés dans les
pièces les plus reculées. Le réfectoire et les
lieux réguliers furent transformés en salle
de bal et de spectacle pour le prince et ses
invités, châtelains et dames des environs.
Quand on n'y dansait pas ou qu'on n'y
jouait pas la comédie, on y passait des
baux ou l'on y servait des repas de noces.

En ces conjonctures difficiles, la charge
de prieur claustral avait été dévolue à un
religieux digne de sa vocation, dom François Darye. Malheureusement, on lui avait
adjoint comme prévôt un homme intraita-
ble, Nicolas Darras, ami de la chicane, vio-
lent et orgueilleux. Une sentence de justice
amena à l'abbaye le procureur du roi (17
juin 1621), qui constata l'état lamentable
des constructions et la pauvreté inexplica-
ble du vestiaire de l'église abbatiale. Vyart,
à ce propos, fournit des renseignements ty-
piques dont l'histoire du mobilier dans l'arrondissement et de la liturgie dans le diocèse
peuvent tirer profit.

En 1621, le prince de Condé résigna sa
charge de bénéficier laïc en faveur d'André

Frémyot, archevêque de Bourges. Le nouvel abbé, de concert avec le duc de Sully, vicomte de Bretcuil depuis 1622, aida les habitants de cette ville à reconstruire l'église Saint-Jean-Baptiste et à réparer les dommages causés par de terribles incendies et une peste effroyable pendant laquelle les malades allaient d'avance se coucher dans leur tombe au cimetière Saint-Cyr (1625). Quant au monastère, il le trouva en pleine déchéance. Le prieur François Darye s'était démis de ses fonctions parce qu'il lui était impossible de maintenir ses religieux dans leurs règles. Les jeunes cabalaient contre les anciens et briguaient les charges. Chacun se flattait d'être élu prieur. L'abbé Frémyot, pour éloigner tant de compétiteurs, désigna en cette qualité dom Pierre Caron. Il avait compté sans les religieux. Au scrutin qui devait ratifier ce choix, le candidat de l'abbé fut mis en ballottage, avec un nombre égal de voix, par Nicolas Darras. Si près du port où aspirait son ambition, Darras s'obstina. D'où une scène tragique : il voulut tuer Caron. Mal lui en advint, naturellement. Après plusieurs années passées en prison, il mourut oublié dans son prieuré de Pierrepont (1). (1 octobre 1638).

L'admission d'un novice remit en question l'union de l'abbaye avec les membres réformés de la Congrégation de Saint-Maur. Frémyot essaya d'esquiver et de décourager les instances réitérées des moines qui le priaient de les laisser se retremper aux

---

(1) Notre-Dame de Pierrepont, arrondissement de Montdidier, canton de Moreuil, département de la Somme.

sources pures de l'esprit religieux. L'évêque de Beauvais, cependant, appuyait les tentatives de réforme et surveillait l'abbaye où il envoya, à fin d'enquête, son vicaire général Antoine Froissart (11 décembre 1628).

Lui-même y descendit, le 8 juin 1633. En sa présence, les religieux réclamèrent d'urgence une réforme complète. Le 22 juillet 1639, en attendant que leurs vœux fussent comblés, l'évêque leur interdit de recevoir aucun novice.

Les religieux de N.-D. de Breteuil s'effrayaient de l'action dissolvante du relâchement dans leur communauté amoindrie. Pour l'enrayer, ils sollicitèrent, de nouveau, l'intervention de la Congrégation de Saint-Maur. Le visiteur de cette congrégation s'y prêta volontiers. Un concordat fut rédigé dans ce sens, le 6 septembre 1639. L'abbé Frémyot s'entêtait à faire échec à ces projets si raisonnables. Mais, deux ans après, il mourut. A cette époque, l'abbaye rapportait douze mille livres, grevées à peine de trois mille cinq cents livres de charges.

Le bénéfice d'André Frémyot fut transféré sur la tête de son neveu Jacques de Neuchèzes, évêque et comte de Châlons-sur-Saône. Ce prélat se montra favorable à l'idée de la réforme. La différer équivalait à risquer la ruine totale de l'abbaye. On n'y célébrait plus l'office divin que les jours de précepte. Il n'y avait plus que cinq religieux. Tout allait à la dérive. Enfin, le 16 août 1644, en l'hôtel de l'évêque de Châlons-sur-Saône, à Paris, dom Jean Harel, assistant du supérieur général de Saint-

Maur, concluait avec l'abbé commendataire de Breteuil un accord incorporant ce bénéfice à la Congrégation de Saint-Maur. (Archives de l'Oise. Série H. 1720). Tous les services de la maison étaient confiés aux réformés. Pour subvenir à leur subsistance, outre la jouissance du petit couvent, de la ferme et du moulin, on leur attribuait les dîmes du Vieux Marché (1), de Caply, de Méricourt (2), la ferme de Lhomet (3), les dîmes de Wavignies et de Gannes, les dîmes et champarts de Vendeuil, de Beauvoir et la ferme de la Grange (4).

Le 26 juillet 1644, les anciens religieux cédèrent leurs droits et rentes aux réformés moyennant la redevance annuelle de quatre cents livres, d'une corde de gros bois et de 300 fagots. Ils gardaient leurs logements, jardins et meubles. (Ibid. H. 1720.) Ce concordat fut modifié à l'avantage des moines résidant par des actes du 10 mars 1671, 3 avril 1727, 20 août 1756. (Ibid. H. 1739).

Le Parlement homologua ces diverses transactions. Et bientôt les pères de Saint-Maur faisaient leur entrée dans l'abbaye de N.-D. de Breteuil, aux acclamations d'une foule heureuse qu'un bien d'Eglise fût enfin rendu à sa destination primitive. (20 juin 1645).

Après cette communication, on règle l'ordre du jour de la prochaine réunion fixée au 19 mars. Et la séance est levée.

---

(1) Ancien hameau de Vendeuil, contigu à Breteuil, annexé à cette ville en 1832.
(2) A Vendeuil-Caply.
(3) Terroir de Wavignies.
(4) Commune d'Oursel-Maison.

Séance du 19 mars 1903

PRÉSIDENCE DE M. SÉVRETTE

Sont présents : MM. l'abbé Beaudry, Binant, Breuil, l'abbé Chotard, Dufrénoy, Garet, Gueudré, Labitte, Lacaux, Leclerc, le docteur Parmentier, Plivard, Raffray, Recullet, Renaud, l'abbé Ronsmans, Samson, Scoté, Seigneurgent, Sévrette, Tarlier, Tassart, l'abbé Toullet, Tremblay, Trouvain, le docteur Zègre.

Se sont excusés : MM. l'abbé Floury, l'abbé Gorlin, le docteur Joly, Plessier, Vitrant.

Le procès-verbal de la séance de février est adopté.

Il est procédé ensuite à l'élection d'un président en remplacement du regretté M. Pouillet. M. Sévrette est nommé à ces fonctions par acclamation. Puis l'assemblée porte M. le docteur Joly à la vice-présidence et complète le bureau en choisissant M. Samson, architecte, comme membre de la Commission de publication.

M. Tarlier, trésorier, donne le compte rendu financier de l'année 1902. Les opérations de l'exercice clos sont approuvées. Les membres présents sont heureux de constater la situation prospère de la Société et félicitent M. Tarlier de sa bonne gestion et de son dévouement.

M. le secrétaire annonce qu'il a envoyé, au nom de la Société, un exemplaire du *Bulletin* à M. le préfet de l'Oise et à M. le sous-préfet de Clermont, membres d'honneur, qui lui en ont aimablement accusé réception.

M. Scoté offre à ses confrères un exemplaire de l'*Histoire et description du canton de Clermont*, par A. DEBAUVE et E. ROUSSEL. Des remercîments sont adressés au donateur.

Sont admis membres titulaires :

Mme v^{ve} Pouillet, présentée par MM. Sévrette et Gueudré ;

M. Lucien Delamarre, avocat, à Paris, présenté par MM. Beaudry et Loyot ;

M. l'abbé Boullez, curé de Chantilly, présenté par MM. Zègre et Beaudry.

LECTURE

M. SÉVRETTE. — *Le premier duc de Fitz-James.*

La seigneurie de Warty, une des plus anciennes du Clermontois, appartenait, à la fin du XVIIe siècle, à Antoinette Renée de Gruel, comtesse de Ribérac. En 1704, ses héritiers vendirent cette terre et ses dépendances à Jacques, duc de Berwick. Ce prince, fils naturel de Jacques II, roi d'Angleterre, avait été légitimé sous le nom de Fitz-James, qui signifie « Fils de Jacques ». Quand il sollicita du roi Louis XIV l'érection de son domaine de Warty en duché-pairie, il demanda qu'on changeât le nom de Warty en celui de Fitz-James. Cette requête insolite étonna le roi. Il estimait trop Berwick pour refuser. De la sorte, les terres de Warty, d'Airion, de Fournival et, bientôt, d'Erquery, devinrent le duché de Fitz-James.

L'étrangeté du fait fournit à la verve im-
pertinente de Saint-Simon l'occasion de se
gausser, comme à l'ordinaire, des favoris
du Roi-Soleil. Cette fois, — l'histoire im-
partiale s'en porte garant, — la confiance de
Louis XIV était justifiée par le mérite re-
connu de Berwick qui fut l'un des plus
grands généraux d'une époque où il fallait
presque du génie pour sortir du commun.

A quinze ans, Berwick commence sa carrière militaire qui devait durer quarante-
huit ans. Il eut un rôle glorieux dans toutes
les expéditions par lesquelles Jacques II
essaya de reconquérir le trône dont l'aris-
tocratie anglaise, exaspérée par son absolu-
tisme et son prosélytisme intransigeant,
l'avait dépossédé. Quand l'usurpation de
Guillaume d'Orange fut consacrée par le
traité de Ryswick. Berwick, qui avait été
chargé d'un régiment d'infanterie au cours
des hostilités suscitées par la ligue d'Augs-
bourg, se fit naturaliser français.

La guerre d'Espagne, engagée depuis trois
ans déjà, lui permet d'affirmer ses aptitudes
au commandement. Placé à la tête de l'armée franco-espagnole, il raffermit le pouvoir
de Philippe V. Créé maréchal en 1706, Berwick reprend Madrid, et, selon ses propres
paroles, « rencogne » l'ennemi dans les mon-
tagnes de Valence. Sa sanglante victoire à
Almanza rétablit les affaires du Bourbon
d'Espagne. Rappelé à l'armée des Pays-Bas,
mais tenu en suspicion par l'indolent Ven-
dôme, il dépose son commandement. Bientôt, sur l'ordre de Louis XIV, il eut à dé-
ployer ses rares qualités de manœuvrier sur
des terrains divers, tantôt sur les Alpes,

tantôt en Flandre, jusqu'à la conclusion de la paix.

La mort de Louis XIV n'arrêta pas la fortune de Berwick, qui reçut du Régent le gouvernement de la Guyenne. Une brillante campagne accrut sa renommée. La suppression des commandements de provinces laissa à Berwick le loisir de réparer sa santé éprouvée par tant de fatigues et d'aménager à sa guise sa résidence et ses jardins de Fitz-James. La guerre de la succession de Pologne l'arracha brusquement à cette vie calme. Après avoir jeté les Autrichiens hors de Kehl, il investit Philippsbourg. Il examinait les travaux d'approche, quand un boulet lui enleva la tête (12 juin 1734). Sa mort causa une consternation générale, aussi bien à Paris qu'aux armées.

M. Sévrette ne se contente pas de suivre son héros sur les champs de bataille qui le virent intrépide toujours, souvent victorieux. Il décrit les fêtes, bals et chasses qui égayaient le château de Fitz-James pendant le séjour du maréchal. On y goûtait encore les charmes d'une conversation tour à tour sérieuse et enjouée. Berwick y racontait avec humour les choses auxquelles il avait été mêlé. Le comte de Grammont, avec sa grâce nonchalante, le plaisantait familièrement, tandis qu'Hamilton décochait galamment à ses interlocuteurs les traits de son ironie voilée et élégante.

Ces détails, empruntés aux mémoires de l'époque, achèvent de peindre la physionomie originale du premier duc de Fitz-James. Homme de goût et d'agréable commerce, tacticien rompu aux secrets du métier, chef d'armée aussi habile à ravitailler ses bataillons que soucieux d'épargner la vie du soldat, gouverneur équitable et avisé, il rendit à sa patrie d'adoption des services signalés. Son existence si bien remplie d'homme de guerre et de grand seigneur dément l'opinion hasardée de Montesquieu disant : « Les Anglais sont occupés; ils n'ont pas le temps d'être polis ». Le maréchal de Berwick fut l'un et l'autre. A quoi Montesquieu, jamais à court, objecterait peut-être que le duc de Fitz James avait été naturalisé-français.

Sur la proposition de M. le secrétaire, l'intéressante étude de M. Sévrette est renvoyée à la Commission de publication.

Rien n'étant plus à l'ordre du jour, la séance est levée.

<hr>

Séance du 23 avril 1903

PRÉSIDENCE DE M. LECLERC

Sont présents : MM. l'abbé Beaudry, Binant, Blanche, Garet, Leclerc, Recullet, Samson, Tarlier, Tremblay et le docteur Zègre.

M. le président fait agréer les excuses de MM. Dufrénoy, Stéphen Gorlin, Gueudré, Plessier, Raffray, Sauvage et Sévrette, empêchés.

Le procès-verbal de la séance précédente est approuvé.

COMMUNICATIONS DIVERSES

Parmi les personnes qui ont assisté au Congrès des Sociétés savantes, à Bordeaux, du 14 au 18 avril dernier, M. Beaudry relève le nom de plusieurs membres correspondants de la Société archéologique et historique. M. le chanoine Morel s'est occupé de la liturgie dans les diocèses de Beauvais, Noyon et Senlis, antérieurement au XIII⁵ siècle. M. le docteur Capitan a fait, en son nom et en celui de M. Peyrony, une communication sur la station préhistorique de La Ferrassie (Dordogne). Quelques membres des Sociétés voisines y ont pris aussi la parole : MM. Cozette et Leclère, du Comité de Noyon, ont traité des anciennes mesures du canton de Noyon. M. Hector Quignon, de la Société académique de l'Oise, a lu un mémoire sur l'Ecole centrale de l'Oise.

M. le secrétaire informe ses confrères que la soixante-dixième session annuelle de la Société française d'archéologie s'ouvrira à Poitiers, le 16 juin prochain. Les membres présents sont d'avis d'envoyer l'adhésion et la souscription de la Société archéologique et historique à ce Congrès et s'en remettent sur ce point à la diligence du bureau.

DONS A LA SOCIÉTÉ

De M. Alf. Baticle, maire de Saint-Just-en-Chaussée, les ouvrages suivants de M. l'abbé Baticle, décédé :

Notice historique sur Reilly ;
Nouvelle histoire de Breteuil-en-Beau-

vaisis et ses antiques relations avec les villages environnants ;

Curiosités archéologiques de Délincourt ;

Délincourt : un village du Vexin dans les siècles passés.

— De M. A. Pinvert :

Notice sur les sires de Bourbon, comtes de Clermont-en-Beauvaisis et sur le comté.

Remercîments aux donateurs.

LECTURE

M. BEAUDRY. — *Origine, restauration et premières dotations de l'abbaye de Breteuil.*

Les auteurs, assez nombreux déjà, qui ont écrit sur Breteuil, ont mis à contribution le manuscrit de Wyard ou l'abrégé qu'en a publié M. Combier. Ils ont narré les événements les plus importants, laissant dans l'ombre ce qui ne cadrait pas avec leur sujet ou leur paraissait de portée moins générale. Cependant, et bien que les grandes lignes de l'histoire de la ville, du comté et de l'abbaye de Breteuil soient définitivement arrêtées, il est possible de glaner abondamment dans le texte de Wyard. Maints passages pittoresques s'y rencontrent. Plusieurs endroits obligent à poser des questions qui sont de la compétence de la Société archéologique. Cette idée avait amené M. Beaudry à analyser, en février dernier, quelques chapitres de « l'Histoire de Bretheuil » d'après la copie de Grave conservée aux Archives départementales. De son côté, obéissant à la même conviction, fortifiée d'ailleurs par une connaissance approfondie du manuscrit de Wyard qu'il possède, M. Tassart a bien voulu prêter à M. Beaudry le texte du moine annaliste pour faciliter ses recherches, et, d'autre part, aider la Société à prendre position dans les débats que peuvent soulever certains épisodes ou à mettre en lumière quelques aspects peu connus du passé de Breteuil.

Avant d'entamer son sujet, M. Beaudry rend hommage à la courtoise obligeance de M. Tassart, auquel des remercîments sont votés sur l'invitation de M. Tarlier.

L'abbaye de Breteuil. qui était un amas de ruines au début du XIe siècle, semble devoir son origine aux premiers Carolingiens, donc à une munificence royale. Wyard appuie son affirmation par une démonstration dont voici les éléments principaux :

« La première raison qui me fait entrer en cette opinion, c'est un certain committimus, où le Roy parlant, dit que cette abbaye est de fondation de ses prédécesseurs. Une seconde raison est que je ne voy que fleurs de lys dans les anciens escussons et sceaulx tant de l'abbé que du monastère. L'abbaye porte pour armes un escusson à champ d'azure, remply d'une crosse d'or qui prend depuis le hault jusques au bas et de deux fleurs de lys d'or à costé la crosse tenant lieu d'une troisiesme fleur de lys. qui sont les armes du Roy de France, toutes pures....

..... Les sceaulx et cachets tant de l'abbé que du couvent les plus anciens confirment encore cette vérité. J'en trouve particulièrement un, en l'an mil trois cens vingt deux, qui a pour figure un ovale, et dedans, un Abbé revestu de ses habits sacerdotaux et abbatiaux, tenant sa crosse de la main droitte et un livre de la gauche ; paroissant dans un champ semé de fleurs de lys, et pour contre sceel est une nostre dame debout, tenant son petit jésus du bras gauche et de la main droitte une fleur de lys ; et un abbé revestu de ses habits sacerdotaux tenant sa crosse, à genoux devant cette image.....

..... Le sceel du couvent qui se trouve en l'année mil cent soixante et quinze et en la mesme année mil trois cens vingt deux sont (*sic*) une nostre dame tenant son petit jésus de la main gauche et un sceptre avec une fleur de lys au bout de la droitte ; et pour contre sceel est une fleur de lys toute seule avec cette inscription : Ave maria.» (Manuscrit Wyard. pages 7, 8, 9, 11).

Les autres arguments de Wyard procèdent de ceux qui viennent d'être cités. Ils sont corroborés par les monuments sigillographiques inventoriés par G. Demay. En effet. dans deux sceaux, l'un de 1183, et l'autre de 1205, la Vierge Marie porte l'enfant Jésus sur le bras gauche ou sur les genoux, tandis qu'en sa main droite est un sceptre fleurdelysé (Sceaux de l'Artois et de la Picardie, n° 1311 et n° 1313).

De 840 à 900, les Normands dévastèrent Breteuil et ses environs. L'abbaye fut réduite à rien et les moines dispersés. Sur

les conseils de Drogon, évêque de Beauvais,
le seigneur de Breteuil, Gilduin, entreprit
de restaurer le moutier et les nouveaux
bâtiments s'élevèrent bientôt sur les anciennes substructions (1035). Louvet et
Wyard sont en parfait désaccord sur le
mobile qui poussa Gilduin à cet acte de
générosité. L'auteur de « l'Histoire et anti-
quitez du pais de Beauvaisis » admet que
Gilduin, voulant que sa terre eut le titre de
comté, s'employa à lui donner « toutes les
marques convenables à sa qualité qui selon
la coustume généralle de France requéroit
ville close, collège ou abbaye. » (Edit. de
MDCXXXI. Beauvais, p. 567). Wyard,
scandalisé qu'on soupçonne d'orgueilleuses
visées un seigneur si vertueux et si « purgé
d'ambition », répond de la sorte :

« Ce qui n'est pas constant, au contraire
très esoigné de la raison, car pour faire voir
que son dessein n'estoit pas tel, c'est qu'il
n'y a aucune apparence que jamais il ait
fait enclorre Bretheuil de murailles. » (Mss.
W. p. 24).

Certainement, Gilduin avait une piété
« encline à cette œuvre ». En tous cas, le
motif avoué, officiel et plausible de cette
restauration fut, chez le comte Gilduin, le
désir que ses libéralités servissent à son
salut et à celui de ses proches : « Pro salute
sua et parentum et filiorum ». Tels sont les
termes d'une bulle, accordée en 1049, par
le pape Léon IX en faveur de l'abbaye et
où est dressé l'état des donations consenties
par Gilduin.

Après une traduction littérale de cette
pièce capitale, M. Beaudry la commente. Il

s'attache plus spécialement à définir les droits de tonlieu, de ban, de larron, les usages des atries des églises. Il précise, en outre, le sens des mots « maisons libres » et « serfs ». Il termine, enfin, par la liste des biens et revenus de l'abbaye dans le diocèse de Beauvais, et, particulièrement, dans l'arrondissement de Clermont telle qu'elle existe dans un acte de Barthélemy, évêque de Beauvais (1064).

M. le secrétaire complète sa communication en montrant à ses collègues plusieurs reproductions tant des armes de l'abbaye que des sceaux dessinés et intercalés par Wyard dans son texte. Il compare et identifie les fac-similé du moine de Breteuil avec les photographies contenues dans l'ouvrage de G. Demay.

Puis, l'ordre du jour étant épuisé, on s'ajourne au 28 mai.

Séance du 28 mai 1903

PRÉSIDENCE DE M. SÉVRETTE

Assistent à la séance : MM. Beaudry, Breuil, Lacaux, le docteur Parmentier, Récullet, Renaud, Samson, Sévrette, Tarlier, Tassart, Tremblay, Viez et le docteur Zègre.

Absents excusés : MM. Chantareau, Gueudré, le docteur Joly, Labitte, Leclerc, Plessier, E. Roussel, l'abbé Ronsmans, l'abbé Toullet, Vitrant.

Le procès-verbal de la séance précédente est adopté après lecture.

DONS ET DIVERS

De M. E. Plessier : *Notes sur la deuxième campagne de Jules César contre les Bellovaques* (plaquette in-8°, 20 pages) ;

De M. Martin-Sabon, membre correspondant : de fort artistiques photographies tirées de la belle collection qui lui valut la médaille d'or à l'Exposition universelle de 1900. Elles représentent plusieurs monuments des environs de Clermont, entre autres les églises d'*Agnetz*, de *Nointel*, de *Catenoy*, d'*Angicourt* et de *Mogneville,* les *Statues d'Adrien de Wignacourt* et de *Louise de Saint-Périer*, dans l'église d'*Etouy*.

Le bureau exprimera aux donateurs la reconnaissance de la Société.

*
* *

M. le président rappelle le souvenir de M. Seigneurgent, décédé depuis la dernière séance, et continue en ces termes :

Messieurs et chers confrères,

Nous avons eu, il y a quelques semaines, la douleur de perdre un des membres actifs de notre Société, M. Seigneurgent, enlevé par une mort prématurée au moment où les loisirs de la retraite lui auraient permis de nous rendre des services plus efficaces.

Je n'ai pas besoin de vous rappeler, à vous qui le connaissiez bien, le caractère aimable, l'humeur sympathique de notre regretté collègue. Il avait toujours su se concilier l'affectueuse estime de tous ceux qui le fréquentaient.

Un détail que peu d'entre vous connaissaient, c'est que le pharmacien était aussi un artiste de goût délicat et un naturaliste érudit.

Comme peintre, il affectionnait surtout les études de nature morte. Comme naturaliste, il s'était appliqué tout particulièrement à la recherche des espèces comestibles de champignons.

Il y a lieu de croire que, s'il avait pu échapper à la maladie qui l'a emporté si rapidement, il aurait porté son attention et son activité vers les questions archéologiques dont nous nous occupons et contribué à grossir nos bulletins.

Nous conserverons son souvenir et nous enverrons à sa veuve l'expression émue de notre condoléance.

Les membres présents remercient M. Sévrette de ces paroles, où il a si bien traduit la pensée de tous.

*
* *

M. Beaudry signale la découverte dans le cimetière de Breuil-le-Sec, auprès de la croix, d'un sarcophage ancien, le 30 avril dernier. C'est un cercueil en pierre tendre, d'une longueur, à l'intérieur, de 1 m. 80 ; il est rétréci aux pieds et orienté comme les sépultures chrétiennes. Les parois ont 0 m. 10 d'épaisseur. Le couvercle avait disparu. Non loin de cet endroit, une auge analogue fut trouvée, à 2 m. de profondeur, le 28 décembre 1896. Elle n'était pas orientée. La pierre plate qui la fermait était sortie de sa rainure. Près de la chapelle Saint-Arnoult, à Crapin, des fouilles mirent naguère en présence de deux tombes orientées. Les corps étaient posés sur la terre nue et abrités sous un encadrement de pierres : de chaque côté, des moellons assez gros supportaient une dalle.

*
* *

On décide d'organiser une excursion archéologique, pour la dernière semaine de juin, à Saint-Martin-aux-Bois et à Maignelay.

*
* *

M. Pisier, avoué à Clermont, présenté par MM. Lacaux et Recullet, est admis en qualité de membre titulaire, à l'unanimité des suffrages.

LECTURES

M. E. ROUSSEL. — *La seigneurie et les droits de l'abbaye de Saint-Quentin de Beauvais à Airion ; nominations de bailli.*

Cette communication est reproduite *in-extenso :*

L'abbaye de Saint-Quentin de Beauvais possédait, depuis le XIe siècle, plusieurs « beaux droits » à Airion : une bulle du pape Grégoire VII, de 1083, mentionne, parmi les propriétés de l'abbaye, l'autel d' « Arion »; de ce droit d'autel dérivaient, pour l'abbé, la nomination à la cure et la perception des dîmes. De plus, l'abbaye de Saint-Quentin était seigneur en partie d'Airion ; le surplus de la seigneurie était, au XVIIIe siècle, au duc de Fitz-James. La seigneurie de l'abbaye s'étendait sur la partie du terroir sise entre la rivière d'Aré et l'ancien chemin de Saint-Just à

III

Clermont. Quelques parcelles de terres, abandonnées par leurs détenteurs, avaient fait retour au seigneur abbé, qui les avait baillées à champart aux laboureurs du pays.

Ainsi l'abbaye de Saint-Quentin possédait à Airion : 1° la collation de la cure ; 2° les dîmes du terroir ; 3° les censives dues par les terres sises dans l'étendue de sa seigneurie ; 4° le droit de justice dans cette seigneurie ; 5° quelques champarts.

Les droits de dîmes, champarts et censives étaient loués, en 1740, à Denis Pillon, receveur de la terre d'Airion, moyennant 500 livres et, en outre, à charge de payer au curé, pour sa portion congrue, 52 mines de blé moison et 26 mines d'avoine ; de plus, le fermier devait payer les gages du bailli de la seigneurie de l'abbaye, gages qui n'étaient que de 8 livres par an.

En 1747, l'abbé de Saint-Quentin de Beauvais était Louis Labiszewski, aumônier et confesseur de la reine Marie Leczinska ; il fut abbé commendataire de Saint-Quentin de 1731 à 1748.

L'office de bailli de la justice abbatiale était ordinairement dévolu à un notaire ou à un procureur de Clermont. Dans les titres de la justice d'Airion, conservés aux archives de l'Oise, se trouvent deux nominations de bailli en 1747. Ils sont libellés en la même forme :

24 mars 1747.

Nous, Louis Labiszewski, confesseur de la reine, abbé commendataire de l'abbaye de Saint-Quentin-lez-Beauvois, à tous ceux qui ces présentes verront, salut.

Sçavoir foisons que nous, dûment informés des sens, suffisance, capacité et expérience au fait de judicature relligion catholique, apostolique et romaine de *maître Sébastien Rendu*, notaire royal au baillage de Clermont en Beauvoisis, y demeurant, pour ces causes à ce nous mouvant, luy avons donné et octroyé, donnons et octroyons l'état et l'office de bailly de la justice temporelle de notre seigneurie d'Airion, circonstances et dépendances, et ce, tant qu'il nous plaira, pour en jouir par luy aux honneurs, droits, profits et émoluments y appartenants et aux gages ordinaires.

Si mandons à tous nos sujets tenanciers et à tous nos justiciables de luy obéir.

En foy de quoy nous avons signé ces présentes et fait sceller du sceau de nos armes. Donné à Versailles le vingt-quatre mars mille sept cent quarante-sept.

Signé : l'abbé LABISZEWSKI.

(Cachet de cire rouge, aux armes de Labiszewski, surmontées d'une couronne de comte ; le support de l'écusson est orné de la crosse et de la mitre ; les armoiries se composent d'une croix surmontée d'une étoile).

(Arch. Oise. Série B : *Justice d'Airion*).

Versailles, 10 juin 1747.

Semblable commission, — donnée par Louis Labiszewski, confesseur de la reine, abbé de Saint-Quentin, — à *maître Pierre Levasseur*, procureur au bailliage de Clermont, de l'état et office de bailli de la justice et seigneurie d'Airion, « ainsi qu'en a joui cy-devant deffunt *maître Dominique Mestayer* ».

Signé : LABISZEWSKI, abbé de Saint-Quentin.

(Même cachet de cire rouge).

(Archives de l'Oise. Série *B* : *Justice d'Airion*).

M. BEAUDRY. — *Documents concernant la possession et le partage de la « Montagne » de Breuil-le-Sec (1768-1808).*

Un des moyens préconisés, dans la sc-

conde moitié du dix-huitième siècle, pour
enrichir les paysans, fut le partage des
biens communaux, possessions indivises en
friches, landes et marais la plupart du
temps. Ces biens rapportaient peu. Ils
étaient disséminés sur toute l'étendue du
territoire, même dans le Clermontois, n'en
déplaise au subdélégué de Clermont qui
écrivait en 1765 : « On peut dire qu'il n'y a
pas dans la province de terre susceptible de
production qui ne soit cultivée. » Tel n'était
point — et pour cause — l'avis des habitants de Breuil-le-Sec.

Aussi, le 24 juillet 1768, au son de la
cloche, ils se réunirent, suivant leur cou-
tume, à la porte de l'église, sur la convoca-
tion du syndic de la commune, Pierre Polle.
Celui-ci leur représenta que :

Leur communauté possède sans aucuns
fruits ny bénéfices une pièce de friche ou
larris, au sommet de la montagne, contenant cent arpents ou à peu près, que ladite pièce de larris que luy et les notables
ont plusieurs fois examinés avec attention,
quoy que de nature à produire des légumes, des fruits, des grains ou des bois de
toutes espèces, est entièrement nulle et
sans produits, la surface toujours dégradée
par les bestiaux étant absolument hors
d'état de rien produire, que néanmoins ils
sont imposés pour lesdites communes,
comme sy elles etoient en pleine valeur ;
qu'ainsy ils n'ont d'autres moyens de n'être
pas surchargés par les impositions ac-
tuelles que de donner à ces mêmes communes toute la valeur pour laquelle elles
sont imposées, ce qui ne peut être effectué
tant que la jouissance restera en commun ;
qu'il leur est donc d'une nécessité absolue

de les partager et diviser également par
ménage, ce qui en laissant aux riches la
part qu'ils ont droit d'en prétendre en
donneroit une pareille aux pauvres à qui
elle appartient même de préférence. puisque ces biens communs n'ont été donnés
aux paroisses que pour le soulagement des
pauvres habitans, qu'ainsy ces derniers
se trouveroient en état de nourir quelques
bestiaux dont le produit joint aux grains,
légumes ou autres denrées qu'ils auront
despouillées les mettra en état de vivre
moins misérablement ; enfin que pour
parvenir à un arrangement sy désirable
les cent arpents de friches ou larris sei-
tués sur la montagne dud. Breüillesecq
tenant d'un cotté aux bois des seigneurs
de Nointel et Liancourt, d'autre cotté aux
bois de la gueulle duval et vignes de
Breüillesecq, d'un bout aux bois des aus-
soires et d'autre bout aux bois lemaire et
seigneur de Liancourt, seroient partagés
et divisés entre les habitans de ladite paroisse, par portions égales soit en quanti-
tée soit en qualitée par le sieur Nicolas
Leschevin, arpenteur, demeurant aud.
Breüillesecq et en présence de tels habitans que la communauté voudroit choisir;
que led. sieur Leschevin dresseroit un plan
dud. partage contenant les noms de ceux
à qui chacque part seroit échue ; que lesdites parts seroient tirées au sort, de quoy
seroit dressé un acte ; que lesdits plan et
acte de partage seroient déposés où la
communauté aviseroit, que chaque part
seroit séparée des voisines par des bor-
nes ; que la pâture resteroit commune
sur les parts non encloses hors les tems
ou elles seroient ensemencées ; qu'après
le tirrage des parts chacun feroit de la
sienne ce que bon luy sembleroit et en
jouiroit comme de son propre en toute

propriété selon les loix et coutumes, sans
néanmoins préjudicier aux droits des seigneurs ; que pour l'exécution de la présente proposition lesdits habitans nom-
meroient ledit sieur Polle procureur de la
commune afin qu'il soit autorisé pour ré-
pondre à toutes causes et actions ayant
raport aud. partage, comme aussy à de-
mander et poursuivre l'homologation de
la délibération de la paroisse, à cet eflet ;
pour quoy il seroit incessamment, par led.
procureur sindic, présenté requête au
conseil ; tout ce que dessus ayant été suf-
fisamment entendu et discuté par lesdits
habitans...... il a été par eux délibéré et
arrêté qu'il en serait rédigé et passé un
acte en forme... etc.

La proposition de Pierre Polle fut agréée.
Le consentement du roi ne se fit guère
attendre. En voici le texte :

Extrait des registres du Conseil d'Etat

Le Roy s'étant fait rendre compte de la
délibération prise par les habitans de la
paroisse de Breuillesecq, généralité de
Soissons, le vingt quatre juillet dernier,
Sa Majesté n'a pu voir qu'avec satisfaction
l'empressement de cette paroisse à conver-
tir en terres labourables des terreins dont
jusqu'à présent elle avoit recueilly de très
foibles avantages et le dézir qu'elle témoi-
gne de partager la jouissance de ses communes de façon à procurer une subsistance
plus asseurée à ceux desd. habitans qui ont
le plus de besoin, et Sa Majesté voulant donner des preuves de sa bienveillance auxd.
habitans et procurer l'exécution d'une
délibération unanime dont l'eflet ne peut
tendre qu'à l'accroissement de l'agricul-
ture et de la population dans son royau-
me, vu l'avis du sieur le Peletier de Mor-

fontaine, intendant et commissaire départy pour l'exécution de nos ordres dans
la généralité de Soissons, ouy le rapport
du sieur de Laverdy, conseiller d'Etat et
ordinaire au Conseil royal et controlleur
général des finances.

Sa Majesté étant en son conseil a ordonné et ordonne que ladite délibération
du vingt quatre juillet dernier, qui sera
et demeurera annexée à la minute du présent arrêt, sera exécutée selon sa forme et
teneur, enjoint Sa Majesté au sieur intendant et commissaire départy pour l'exécution de ses ordres dans la généralité de
Soissons de tenir la main à l'exécution du
présent arrêt, évoque à cet effet Sa Majesté à elle et à son Conseil toutes les
contestations qui pourroient sélever rela-
tivement à l'exécution de ladite délibération pendant l'espace de trois années, et
en renvoye l'instruction et le jugement
aud. sieur intendant et commissaire départy, l'interdisant pendant led. tems à
toutes ses cours et juges, et seront, si besoin est, sur le présent arrêt toutes lettres
nécessaires expédiées.

Fait au Conseil du Roy, Sa Majesté y
étant, tenu à Compiègne le 12e jour d'aoust
mil sept cent soixante huit.

Signé : PHILIPPEAUX.

Pour ampliation : LE PELETIER.

Cet acte une fois obtenu demeura lettre
morte jusqu'au 29 décembre 1790, date à
laquelle le conseil général de la commune
de Breuil-le-Sec sollicita du directoire du
département de l'Oise la permission d'opé-
rer le partage autorisé par le roi en 1768. Il
fondait sa demande sur l'avantage considérable qui en résulterait. « Chaque particulier la cultiverait ou la planterait en bois.

Cette dernière ressource serait d'autant plus favorable, vu la cherté des bois. » Immédiatement, quelques habitants commencèrent à travailler ces terres, ceux-ci à la charrue, ceux-là à la bêche. L'un deux, Jacques Bocquet, reçut, le 22 janvier 1791, pour lui et ses seize imitateurs, assignation à comparaître à Agnetz, devant le juge de paix des paroisses d'Agnetz, Breuil-le-Vert, Breuil-le-Sec et Fitz-James. Louis-Henry-Joseph de Bourbon, ci-devant seigneur de Breuil-le-Sec, revendiquait la propriété des terres que les habitants de ce village voulaient cultiver. Les décrets du 11 décembre 1789, des 23 février, 15 mars, 15 mai 1790, devaient, à son sens, lui assurer gain de cause. Les habitants de Breuil-le-Sec n'en furent pas intimidés. Se rangeant aux observations de Davenne, curé et procureur de la commune, ils choisirent des délégués pour défendre leurs droits.

La conciliation était impossible entre deux parties convaincues du bien fondé de leurs prétentions. On se prépara à plaider devant le tribunal du district. Mᵉ Busquin occupait pour les défricheurs. Les considérants développés dans son mémoire du 31 mars 1791 peuvent être analysés rapidement. Un préliminaire indispensable s'oppose à la discussion de la plainte de M. de Bourbon. Qu'il prouve qu'il a droit aux terrains qu'il réclame ! Ces terrains étaient vagues au 4 août 1789. D'accord. Mais sont-ils enclavés dans la seigneurie de Breuil-le-Sec ? Ne relèvent-ils pas du prieur ou de M. de Liancourt ? Autant d'objections que M. de Bourbon pourra détruire s'il justifie qu'ils sont dans la mouvance de la ci-devant seigneurie de Breuil-le-Sec. Faute par lui d'y réussir, qu'il soit débouté et condamné aux dépens. De leur côté, les habitants ont imprimé leur possession sur ces friches qu'ils conservent de temps immémorial ; car ils en supportent les charges et ils y mènent paître leurs bestiaux. Le partage a été différé uniquement par négligence, peut-être, et, en toute hypothèse, à cause de l'abondance du gibier qui aurait dévasté les récoltes qu'on aurait pu espérer.

L'affaire ne fut pas éclaircie de sitôt. D'autre part, la décision du tribunal est inconnue. Tout porte à croire, même, qu'aucune sentence n'intervint. Le 30 avril 1792, le curé de Breuil-le-Sec versait 25 livres, coût de la procédure dont on lui remit les pièces.

En 1793, le partage fut achevé, mais sans acte authentique. En conséquence, pour être recevables à détenir sans trouble les parcelles qu'ils occupaient, les propriétaires des friches divisées durent obtempérer à l'article 3 de la loi du 9 ventôse, an 12, par suite, payer à la commune une redevance équivalant à la moitié du revenu de leur part. De ce chef, 458 fr. 70 figurent annuellement en recettes au budget de Breuil-le-Sec.

L'ordre du jour étant épuisé, la séance est levée.

Séance du 18 juin 1903

Sont présents : MM. Beaudry, Binant, le docteur Joly, Labitte, le docteur Parmentier, l'abbé Ronsmans, Scoté, Tarlier, Tremblay, Trouvain, le docteur Zègre.

M. le docteur Joly transmet les excuses de MM. Chantareau, Gueudré, Plessier, Plivard, Sévrette, l'abbé Toullet, empêchés.

Le procès verbal de la séance du mois de mai est lu et approuvé.

Le projet d'excursion, accepté en principe, est mis en discussion. Après entente sur la date, fixée au 30 juin, on arrête le programme suivant : visite de l'église et de la ferme de Saint-Martin-aux-Bois ; déjeuner et visite de l'église à Maignelay ; retour avec arrêt à Montigny et à Ravenel.

Sont admis en qualité de membres titulaires :

MM. Maître, propriétaire, au château de Béthencourtel, présenté par MM. le docteur Parmentier et l'abbé Beaudry ;
Paillet, avocat, présenté par MM. Plivard et Scoté.

LECTURES

M. PARMENTIER. — *Aperçu descriptif sur la commanderie de Neuilly et sa chapelle.*

La commanderie de Neuilly semble avoir échappé aux investigations des archéologues, si empressés habituellement autour des moindres débris des monuments anciens. Les grands recueils spéciaux et clas-

siques l'ont ignorée ou négligée ou omise.
Les auteurs qui ne l'ont pas oubliée ont été
à l'excès sobres de détails à son endroit.
En un certain sens donc, la commanderie et
la chapelle de Neuilly restaient à découvrir.
Par un juste retour de bonne fortune, elles
l'ont été par un amateur érudit, M le docteur Parmentier. Il a su mener à bien ses
recherches, grâce à sa patience et à son
goût, et, aussi, grâce aux conseils de son
frère, M. A. Parmentier, le distingué professeur d'histoire du collège Chaptal, à
Paris.

La commanderie, en 1790, appartenait
aux chevaliers de Malte auxquels on doit
très probablement le bâtiment de style
Renaissance. La chapelle, construite au
XIV° siècle, peut-être, offre tous les ca-
ractères de l'art gothique dans sa svelte
robustesse. Les murs intérieurs laissent
apercevoir un jointoiement double d'une
couleur brun - rouge. Sur le pignon, cet
appareillage simulé a recouvert partielle-
ment une peinture inconnue jusqu'à ce
jour et qui représente la bénédiction de la
Sainte-Vierge. Assise sur un bahut en forme
de « chayère », la Vierge tient les mains
jointes dans une attitude d'adoration et de
quiétude sereine. Une couronne d'orfèvrerie
est posée sur son voile. Un peu au-dessus de
sa tête, une main se dresse en un geste de
bénédiction ; c'est la main de Dieu dont le
corps est caché par une cheminée qui
coupe le sujet en deux fragments inégaux.
De chaque côté, mais de taille plus petite
que les deux personnages principaux, un
ange lève un encensoir. Épousant la courbe

de la voûte en berceau, une frise, sorte de
lourde chaîne à maillons géométriques,
court autour de cette peinture à laquelle elle
sert de large cadre. M. Parmentier décrit
minutieusement cette décoration murale et
en indique les teintes différentes en termes
techniques. Il montre le calque exact au
fusain des figures respectées par le badi-
geon. Les contours en sont nets sans rai-
deur, les traits harmonieux et souples, les
attitudes nobles.

M. Parmentier étudie ensuite la commanderie proprement dite, rare vestige du
style de la Renaissance appliqué à l'architecture civile dans notre arrondissement.
Pilastres, chapiteaux ioniques et corin-
thiens, escalier à caissons finement moulu-
rés, fenêtres à meneaux croisés, lucarnes
surmontées de niches à coquille délicate-
ment sculptées, pièces d'habitation aux
vastes proportions, écussons sont successivement passés en revue dans une exposition claire aux développements bien ordon-
nés et justifiés par de nombreuses photographies.

Le bureau de la Société propose le ren-
voi de ce travail à la commission de publication. Cette motion obtient l'assentiment
général.

M. Beaudry. — *Chapitre quatorzième du
manuscrit de Wyard. (Texte original
et commentaires).*

Dans ce chapitre, le moine annaliste s'é-
tend avec complaisance sur la sollicitude
avec laquelle le douzième abbé, Alfred,
veilla à l'administration du temporel de

N.-D. de Breteuil. Anglais de naissance, celui-ci conquit, par ses vertus, son intelligence, son aménité, l'amitié du comte Raoul de Clermont qui l'aida à agrandir les domaines de l'abbaye. Dès le début de sa prélature, Alfred ou Alvrède acquit du prieur de Bulles la dîme de la Bruyère, grange située sur le territoire de Wavignies. L'acquiescement de l'abbé de Vézelay dont relevait le prieuré est conservé aux archives de l'Oise (II. 1910).

Alfred échangea une pièce de terre, dont son couvent jouissait à Nointel, pour deux muids de vin, à condition que celui qui devait les payer « apporteroit le raisin en nature dans son pressoir, en quantité suffisante pour pressurer les deux muids de vin ; de cette façon on ne devoit pas craindre de falsification dans le vin ». (Mss. Wyard. p. 111).

Le comte Raoul entra dans les vues d'Alfred de plusieurs façons. En premier lieu, il ne l'empêcha pas de « recevoir les donnations qui relevoient de ses seigneuries, ce qui est desja un très grand don ; car il n'estoit pas permis à un chacun de donner ce qu'il vouloit de son bien à l'Eglise ny aux Esglises de le recevoir ; il falloit avoir le consentement du seigneur sans lequel les donnations ne pouvoient demeurer entre les mains des donnataires. » (Id. p. 119). De plus, il fit largesses aux religieux « de son propre ». Il leur accorda plusieurs droits sur ses terres de Vesprecans et de la Warde, la redécime sur tous ses moulins de Breteuil, Paillart, La Faloise, deux mesures de blé réservées à la confection des hosties « duos modios frumenti..... ad hostias quœ in altari consecrandœ sunt faciendas. » Enfin, il se trouvait « volontiers aux actes et lieux auxquels il pouvoit leur rendre service par l'auctorité de sa présence personnelle. » (Id. p. 118). Dans plusieurs chartes, le comte Raoul est au premier rang des témoins, ratifie ou promulgue les conventions avantageuses à l'abbaye. Telle, par exemple, la vente faite à Alfred par Sangalon de la Warde-Mauger : « Sicut impium incognita fari, iniquum visa et audita non testari. Ego igitur Radulphus, dei gratia comes Clarimontis et dominus Brituliensis notum fieri volo..... quod sangalo de garda Malgerii, henricus, filius ejus, etc..... vendiderunt..... *in presentia mea et testimonio* » (1). — Telle la confirmation d'une donation de quelques terres à Wavignies par Simon de Garvegnies : « Ego Radulphus, etc., quod ut verius teneatur *presenti pagine feci commendari et sigilli mei auctoritate corroborari* » (2). D'un examen, même sommaire, du fonds de l'abbaye de Breteuil aux archives départementales, il ressort que Wyard n'exagère pas en saluant Raoul du nom de bienfaiteur insigne du couvent.

Après la mort de ce seigneur, sa veuve, la comtesse Alix, ne cessa pas de porter intérêt à l'abbaye. En 1219, elle se dépouille du droit de « pescherie » dans ses eaux de La Faloise et Paillart, au profit des religieux,

---

. (1) E. de Lépinois. *Recherches sur le comté et les comtes de Clermont.* — Pièces justificatives. VII.

(2) id. ibid. — XXXII.

« deux jours devant les huict festes princi-
palles de l'année ». Parmi les seigneurs qui
assistaient à cette donation, Wyard cite
« arnulphus de Saint Cire », ce qui lui fournit prétexte à une digression élucidant un
point de l'histoire de Breteuil :

Le hameau St. Cir estoit réduit en
petit village. Bretheuil s'en estant entièrement séparé pour s'amasser auprès du
chasteau et de l'abbaye, particulièrement
à cause du fréquent concours des peuples
qui venoient rendre leurs vénérations à
St. Constantien qui esclattoit merveilleusement en miracle. C'est pourquoy
nous voyons que Saint Cire a son seigneur
particulier et n'estoit plus soubz la domi-
nation du seigneur de Bretheuil et nous
voyons aussy que dans des chartres le
hameau de St. Cir n'est plus appellé du
tiltre de Bretheuil mais seulement vicus
sancti Cirici. (Mss. Wyard, p. 124).

M. Beaudry suit le récit de Wyard. Il en
contrôle et établit l'exactitude en se réfé-
rant aux pièces authentiques ou aux copies
collationnées provenant de l'abbaye. Il termine sa communication par ce passage qui
relate l'origine de la paroisse de Tartigny :

Matilde d'Ailly (belle-sœur de la comtesse Alix) eust dévotion de fonder une
chappelle dans la paroisse de Tarteigny
dont elle estoit dame. Cette église est a
présent abolie. Elle estoit située dans un
champ où l'on trouve encore des grands
cercueils de pierre (1). Comme elle ne
pouvoit le faire sans le consentement de
l'abbé et couvent de cette abbaye parce

---

(1) Entre Beauvoir et Tartigny.

que le patronage de la cure du mesme village de Tarteigny leur appartenoit, elle pria l'abbé Alvrède de luy accorder cette grâce, ce qu'il fist volontiers pour les obligations que son abbaye avoit à cette bonne dame et à toute la famille de Clairmont dont elle estoit alliée. Le prestre qui desservoit ladite cure, il s'appelloit Galterius, y donna aussy son consentement mais à condition qu'il auroit dans cette chapelle de fondation toutes les oblations des sept grandes festes de l'année, sc. de Noel, purification n. d, vendredy saint, Pasques, Pentecostes, Saint Martin, Toussaint, et la moitié des oblations qui se fairoient en la mesme chappelle aux deux festes de Saint Eloy, et l'autre moitié desd. oblations appartiendroit au chappellain qui desserviroit la chappelle. Elle donna ensuitte au mesme Gaultier prestre desservant laditte cure de Tarteigny en aumosne perpétuelle pour luy et ses successeurs prestres de la mesme cure, une pièce de terre contenant quatre mines de semence affin qu'il laissa à son chapellain de la chappelle susditte les oblations de sa maison et de ses tenanciers. Et affin d'obliger le chappellain de la chapelle d'estre prestre, elle donne au chappellain qui desservira la chappelle en ordre de prestrise la quantité de six muids de froment à prendre dans sa grange de Tarteigny et un muid de vin à prendre dans sa vigne au territoire du mesme village de Tarteigny et veut qu'au cas que sa vigne raporte moins qu'un muid de vin on supplée d'ailleurs et que le chappellain ait toujours son muid plain et entier et voulut ensuitte que l'abbé de Bretheuil et son fils nommassent ledit chappellain. « In ista capella capellani sunt instituendi ad voluntatem abbalis Britulii et ad voluntatem domini de Tarteigny 1202. »

Ce droit de chappellenie dans Tarteigny n'y dura guère parce que après le décéd de la fondatrice Raoul de Clairmont son fils seigneur de Tarteigny à la requeste de la Cour de Beauvais et du consentement de Mathieu abbé de Bretheuil, patron de la cure du mesme village, en l'an mil deux cens trente six pour éviter quelques périls arrivez par le passé et à craindre pour l'advenir donna et accorda à perpétuité à la susditte paroisse de Tarteigny toutes les rentes qui appartenoient à ladite chappelle et de plus oultre le revenu de la chappelle il donna la moitié de trois muids de bled à prendre sur la maladrerie de Bretheuil par chacun an avec la troisiesme partie des menues dixmes du village de Tarteigny et une terre qui appartenoit à la mesme église ; il donna l'autre moitié des trois muids de bled susdits au prestre desservant la cure de Rouvroy, ordonnant que le prestre de Tarteigny prendroit annuellement tous les fruits de ce que dessus à condition qu'il résideroit au village de Tarteigny pour éviter dors en avant les périls ou se sont trouvez quelques particuliers pour l'absence du prestre qui desservoit ladite paroisse, et que le mesme prestre résidant seroit aussy obligé de célébrer la sainte messe au moins quatre jours dans une sepmaine dans la chappelle du seigneur de Tarteigny dont on luy a donné et assigné les revenus. » (Mss. Wyard, p. 125, 126, 127, 128.)

Puis, rien n'étant plus à l'ordre du jour la séance est levée.

IV

Excursion du 30 Juin 1903

—

Reprenant un projet élaboré, l'an dernier, par son regretté fondateur, M. Pouillet, la *Société archéologique et historique de Clermont* avait résolu, dans sa dernière séance, de faire une excursion à Saint-Martin-aux-Bois et à Maignelay. Aussi, le 30 juin, de nombreux membres de la Société, — quelques-uns accompagnés des dames de leur famille, — se rejoignaient sur la place de la Gare, à Clermont. Sans tarder, l'étape devant être longue, ils se répartissaient en trois groupes que des voitures emmenaient à prompte allure sur la route nationale de Paris à Dunkerque.

Le temps ? A souhait pour un pèlerinage d'art. S'il avait fallu parcourir l'itinéraire fixé avec la chaleur de la semaine précédente, la fatigue eût diminué l'attrait et le profit de cette promenade, car voyageur lassé n'eut jamais que médiocre enthousiasme. Heureusement, une brise fraîche souffla tout le jour, donnant à l'atmosphère une plus grande pureté, aux contours lointains des paysages plus d'harmonieuse netteté, et mettant comme un gai frémissement de vie à la surface des récoltes pleines de promesses.

Sur le seuil de la maison du Bel-Air, nous ne rencontrâmes pas l'aubergiste jovial qui dut saluer nos pères. Aux conversations animées des buveurs d'antan ont succédé les bruits paisibles et monotones d'une exploitation agricole. Tapi modestement dans la vallée, Airion apparaît bientôt, en contre-bas de la route, avec son clocher penché depuis la légendaire aventure que chacun sait. On se montre à droite le bois des Moines ; à gauche, blanche tache au milieu des terres fauves, la ferme de Cohen.

Puis, la caravane défile au milieu des maisons d'Argenlieu dont les façades coquettes et fleuries s'alignent de chaque côté de la route ensoleillée. Un petit coin de territoire, calme et riant, comme les rêvait Ruskin. Un brusque détour nous engage sur la route d'Erquinvillers. Les murs noircis et moussus d'un parc ramènent à l'esprit le souvenir des puissants seigneurs « de Hargenliu ». Du château, un moment converti en prison sous la Terreur, il ne reste que des ruines. A Erquinvillers, aucune trace non plus du berceau de la famille de ce nom, dont le rôle ne fut pourtant pas sans importance. Où est la maison fortifiée qui relevait du comte de Clermont et pour laquelle Jean de Crapain prêta hommage au XV° siècle ? Problème où s'exercera la patiente sagacité des archéologues de demain.

A gauche, sur l'horizon un clocher se profile hardiment. Lieuvillers a trop belle mine pour ne pas séduire les excursionnistes et les décider à une halte non prévue. D'ailleurs, en 1790, ce village ne fut-il pas chef-lieu de canton ? Et, vraiment, ses larges rues en ont usurpé l'aspect classique. La seule chose qui manquait à Lieuvillers, il y a quelques années, était une église spacieuse et solide. Il y a plus de deux siècles qu'on l'attendait, qu'on s'ingéniait à atténuer les outrages du temps. Dès 1658,

au cours de sa tournée pastorale, l'évêque
de Beauvais s'étonnait du mauvais état des
voûtes du chœur et du clocher qui le cou-
ronnait. Les vitres étaient cassées, les piliers endommagés. La durée de l'édifice
était compromise faute d'une couverture
bien établie. Les marguilliers en rejetèrent
la responsabilité sur l'avarice des dames de
Wariville. L'évêque ordonna aux marguilliers de saisir les grosses dîmes qui appartenaient aux religieuses, de réclamer d'elles les réparations nécessaires, les ornements, les linges et les livres dont elles devaient pourvoir l'église. Grave affirme que
les travaux les plus urgents eurent lieu
cette même année. Rien n'empêche de lui
accorder créance.

L'ancienne église a été remplacée par
une construction bien comprise, dont les
habitants sont fiers. Ils en ont, certes, le
droit. D'autant plus que leur générosité a
permis l'exécution d'un plan très ju-
dicieux et très approprié. Les archéologues auraient mauvaise grâce à regret-
ter la branlante bâtisse, si souvent
remaniée. Ils auraient pourtant été contents
de trouver la châsse où Monseigneur de
Beauvais, le 24 décembre 1669 et à la
requête du curé Simon Langlet, déposa des
reliques de saint Placide et de saint Victor.
Ces reliques avaient été recueillies dans le
cimetière de Saint-Cyriaque, à Rome (des
lettres du cardinal Ginelli, datées du 4 septembre 1668, l'attestaient), renfermées dans
une cassette scellée et cachetée, et confiées
à Gaspard de Blarye, officier de Mgr le duc
de Chaulnes, ambassadeur auprès du Saint-

Siège. Peut-être ces reliques ont-elles disparu pendant la Révolution ? En tous cas, c'est à cette époque que les terres de la fabrique de Lieuvillers, baillées en 1658 pour 58 mines de blé, furent vendues au prix de 18.100 livres à Jean Duvergie, curé du lieu (14 novembre 1792). Le seul témoin du passé dans l'église neuve paraît être une pierre tombale, à demi usée, dont il faudrait prendre un estampage.

Près de l'église est un ancien manoir. Les excursionnistes le visitèrent. L'aménagement primitif a été modifié. Les fenêtres semblent avoir été coupées à moitié de leur hauteur et les toits baissés. Les planchers peints en rouge, que Grave et M. de Lépinois ont signalés, existent toujours. Dans un des murs, une niche de style flamboyant abrite une statue de la Sainte-Vierge. Cette Vierge fut-elle substituée à une Cérès en cuivre dont parle Grave ? Où est actuellement cette Cérès et a-t-elle jamais trôné dans cette niche ? Enigmes ! mais non cruelles. Beaucoup d'excursionnistes jugèrent prudent de s'armer de scepticisme sur cette question.

*
* *

Afin de ne pas trop battre en brèche l'horaire adopté, on se hâte vers Saint-Martin - aux - Bois. On salue de loin Cressonsacq, Pronleroy, La Neuville-Roy qui émergent de la verdure. De ci et de là, les champs sont agréablement coupés de groupes d'arbres, derniers survivants probablement de l'extrême lisière de la forêt

des Sylvanectes déjà morcelée au XIIe siècle et dont les cisterciens de Froidmont dé-
frichèrent les restes. A la végétation deve-
nue plus vigoureuse, on devine le lit de
l'Aronde encore humble ruisseau. Montiers
est rapidement traversé et, avec plus d'une
heure de retard, on arrive à Saint-Martin-
aux-Bois. Par une porte massive à mâchi-
coulis dont les vantaux ont plusieurs siècles, on accède dans la cour de la ferme
installée dans les bâtiments de l'ancienne
abbaye. On en remet l'exploration à plus
tard et l'on se dirige vers l'église.

Tenter de ce célèbre monument une description serait aussi présomptueux que su-
perflu. Le seul parti auquel on doive se
rallier est de s'assimiler les explications
qu'ont multipliées nombre d'auteurs éru-
dits et compétents. M. le curé de Coivrel, dont notre manque d'exactitude n'a
pas rebuté l'affabilité courtoise, nous y
aida beaucoup. Sous sa conduite, nous ad-
mirons la porte de la sacristie avec ses
sculptures où sont représentées les sybil-
les qui ont prophétisé l'avènement de Jé-
sus-Christ. La sacristie est une salle du
début du XVIe siècle, à voûte réticulée
dont les nervures sont ornées de fleurs et
de blasons, entre autres celui de l'abbaye.
Le vestiaire renferme une chasuble de deuil
qui date de la Renaissance. C'est une bro-
derie d'application montée sur une étoffe
moderne. On y voit le Christ expirant sur
la croix tandis que les anges recueillent
son sang dans des coupes. Une femme éplo-
rée qu'un vase à parfums placé près d'elle
identifie, sainte Madeleine, étreint la croix.

Au-dessous de ce sujet, ces mots : Mori ; et,
autour, un semis d'attributs funèbres : lar-
mes et ossements. Dans la chapelle qui termine le collatéral de droite, une petite statue en pierre de la Vierge-Mère attire les
regards. Polychromée primitivement, elle a
été recouverte de peinture blanche, vrai-
semblablement au moment où triomphaient
les idées des artistes de la Renaissance.

Le chœur, avec ses magnifiques et au-
dacieuses fenêtres élancées, semble une ré-
plique, toutes proportions gardées, de celui
de la cathédrale de Beauvais. La lumière
y pénètre à flots. Un peu crue, elle avive
presque les blessures infligées à l'église par
le temps et les hommes et souligne dure-
ment la pauvreté momentanée du mobilier.
L'impression, voisine de la mélancolie,
n'est pas nouvelle. Dans une information
du mois de juillet 1662, on lit, en effet :
« L'église est haute sans ornements, non
achevée, aïant besoin de beaucoup de répa·
rations. » Il en alla ainsi jusqu'à la Révolution, comme il appert de l'inventaire auquel
procédèrent les officiers municipaux de la
commune, le 30 pluviôse, an 2. Dans la
chapelle Saint-Pierre, pour toute richesse :
un autel en bois et « lymage de saint
Pierre » encadrée. La chapelle de la Sainte-
Vierge n'était pas mieux partagée. Dans
la sacristie, aucun objet de prix, mais
un vestiaire bien garni. L'argenterie
avait été enlevée. Dans le chœur, « une
autel à la romaine » était « posée sur son
marchepied avec un tabernacle : le tout
de bois doré en or ». Puis des bancs, des
pupitres, des escabeaux, des livres pour

chanter la « cy-devant messe, une boiserie
remplie de plusieurs tableaux » sur piédestal, « un cerpant en fer blanc et surtout
vingt stalles avec leur apuye surmontées
de leurs boiseries ». Ces stalles ont été étu-
diées minutieusement par l'abbé Barraud
en 1850. Les dossiers et les couronnements
sont merveilleusement sculptés dans la
manière chère au style flamboyant : arcs
en accolades, fleurons, etc. Les accoudoirs,
les sièges, les miséricordes historiées sont
d'un ciseau moins habile. Ils retiennent
l'attention plutôt par les pittoresques et
étranges scènes qu'ils retracent. Animaux,
personnages, épisodes ont dû être inspirés
par les soties, moralités et fableaux du
moyen-âge.

Quant à l'abbaye, elle fut appelée Saint-
Martin de Ruricourt jusqu'en 1297. Etait-
elle, comme tant d'autres monastères, un
centre agricole qui, à la longue, transforma
en terres labourables les bois qui l'environ-
naient ? Est-ce à un de ces bois qu'elle em-
prunta sa dénomination subséquente :
« Sancti Martini in bosco » ? Maury, dans son
ouvrage : *Les Forêts de la Gaule et de
l'ancienne France*, l'affirme. En tous cas,
le terme qui la désigne est une anomalie.
On aurait dû dire : Saint-Martin-*au-bois*
et non *aux-Bois*. — Au XVIIe siècle, la
splendeur de l'abbaye subit une éclipse.
Elle n'était plus occupée que par dix religieux. Parmi eux, était toujours choisi le
curé de la paroisse. Ce dernier avait « logis,
court, jardin, vin en particulier », et autres
distributions dues aux religieux, moins les
habits. Dès 1615 (enquête du 30 janvier), la

cure était réputée pauvre. Quoi d'étonnant, par suite, si l'église a pâti des intempéries ? D'autant plus, que les mille livres annuelles versées par le collège Louis-le-Grand, auquel la mense abbatiale fut unie au XVII° siècle, était un bien maigre subside. Quand on avait prélevé les dépenses habituelles, dont un état des dettes passives de l'église annexé au dossier de la liquidation de l'abbaye permet de conjecturer le montant approximatif, le reliquat constituait une bien modique somme pour entretenir un pareil édifice ! Même dans les années où — (les révolutions étant des événements plutôt rares) — on ne devait pas en défalquer 35 livres 12 sols avancés par le citoyen Pierre Gossard, maire, à l'ouvrier commandé pour « descendre les croix du clocher » et supprimer « les marques de fleurs de lis. » — Des lieux réguliers, vendus avec les dépendances 203.800 livres, comme biens de première origine, il subsiste encore de nombreux bâtiments ayant le caractère de différentes époques. Les uns remontent au XII° siècle, les autres au XVI° et au XVII° siècles. De belles salles voûtées en ogives sont aujourd'hui à usage d'étables. Le sol a été exhaussé en plusieurs endroits, de sorte que la base et même une bonne partie du fût des colonnes se trouve enterrée.

Puis, les excursionnistes se rendent à une croix de pierre à propos de laquelle le *Dictionnaire géographique et administratif de la France*, par Joanne, contient de fausses indications. D'après cette publication (livraison 153°), cette croix aurait été « érigée en 1591 par le célèbre érudit Plantavit de la Pause, alors prieur de Saint-Martin, plus tard évêque de Lodève. » Or, Jean Plantavit de la Pause, né en 1576, professa d'abord la doctrine de Calvin en qualité de ministre à Béziers, abjura seulement en 1604 et ne fut abbé de Saint-Martin qu'en 1612. Il est donc matériellement impossible qu'il soit intervenu dans la plantation de cette croix. Celui qui s'y employa, d'ailleurs, s'est nommé clairement dans l'inscription qui se déroule sur les quatre faces du piédestal à son sommet. La voici :

F. Jehan Depas
prieur de S. Martin
et de Goyencourt ma
faict faire en l'an 1591.

Jean Depas était issu d'une famille qui réside depuis longtemps à Saint-Martin-aux-Bois. Jean Louis Depas, tonnelier, était officier municipal en 1791. Et ses descendants ont restauré la croix dont il s'agit en 1869.

On a peine à se déprendre du charme prestigieux qui se dégage de la majestueuse église dont la conservation est assurée désormais. Quand on aura mis la dernière main aux travaux poursuivis depuis plusieurs années par des spécialistes et qu'une ornementation discrète et adaptée complètera l'effet, elle sera, en sa royale élégance, et mieux encore que dans le passé, un des plus brillants parmi les joyaux qui entrent dans l'incomparable trésor d'art dont s'enorgueillit notre pays.

Mais l'heure est avancée, au grand regret

des photographes et au réel dommage des
estomacs. Et donc, en route pour Maignelay. Au pied du calvaire de Montgérain,
grande colonne de pierre surmontée d'une
croix semblable aux croix antéfixes des
églises, la caravane ralentit sa marche. A
Coivrel, elle se contente d'un bref coup
d'œil sur l'église. Enfin, à une heure et
demie, elle est à Maignelay. Maignelay !
tout le monde descend ! Ce n'est pas de
refus. L'archéologie n'a jamais nourri que
l'esprit ; et, murmure un excursionniste :
« Ne soyons pas plus fiers que Sénèque :
Fateor nos corporis gerere tutelam. »

*
* *

A la fin du déjeuner, M. le docteur Joly,
vice-président de la Société, félicite les
excursionnistes de leur entrain et les orga-
nisateurs de la promenade du succès de
leurs démarches. M. le secrétaire répond
brièvement. Il remercie M. le docteur Joly
et propose la santé de M. Sévrette, président, empêché. A M. Binant, qui s'est
chargé du ravitaillement de la pacifique
expédition, il demande qu'on vote, comme
marque de reconnaissance, le titre de pour-
voyeur à vie ou de délégué perpétuel aux
subsistances pour la Société archéologique.
D'emblée, cette proposition est approuvée.

Après quelques instants encore de repos,
nous entrons dans l'église de Maignelay.
Elle fut achevée en 1516. Le porche, avec
ses arcades cintrées, ses pampres, ses niches à dais, sa balustrade ajourée, est un
morceau d'architecture original. L'intérieur

de l'église correspond bien à ce vestibule.
L'ordonnance générale en est imposante.
Les voûtes, surtout celles du chœur, sont
fort belles. Le flamboyant y a prodigué toutes ses fantaisies un brin tapageuses, tout
son luxe d'invention un peu décadent. Les
arêtes aux profils variés sont festonnées en
fine dentelle. Ces fioritures sont d'une
exécution si parfaite qu'on n'ose pas blâ-
mer les artistes, qui y déployèrent tant de
talent, de s'être grisés de leur virtuosité.—
A gauche du chœur, s'ouvre la chapelle sei-
gneuriale. Le maître-autel est récent. Il est
digne du chœur trop longtemps déparé par
un autel en bois peint et sur lequel semblaient égarées deux jolies statues de mar-
ble blanc, précieux legs de la Renaissance. Les mettre en relief, en leur assi-
gnant leur place sur un autel de même
matière, devait séduire un homme de goût.
Le projet en fut conçu et réalisé par M. le
doyen de Maignelay. Il a doté ainsi son
église d'une œuvre de mérite. Les lignes
sont sévères, la décoration sobre, l'ensemble grave et religieux. Les excursionnistes
ne ménagèrent pas les compliments à M.
l'abbé Heurteur, qui s'était fait leur guide
complaisant. A ses côtés, ils contemplèrent
longuement, dans la chapelle de la Passion,
le retable contre lequel s'adossait le premier maître-autel. Pour l'apprécier comme
il convient, ils n'eurent qu'à se rappeler la
description que leur en donna, l'an dernier,
M. le chanoine Marsaux et qu'ils auront le
plaisir de lire dans les « Mémoires de la
Société pour l'année 1903 ». Sous le retable, dans le tabernacle, on aperçoit un reli-

quaire de la Vraie Croix en bois doré. Louis
Dantart, qui l'avait reçu de la duchesse de
Rupermonde, s'en dessaisit, l'an 1753, en
faveur de l'église de Maignelay, son pays
natal. Il fit également quelques fondations
en l'honneur de la Vraie-Croix. Les ressources qu'il avait allouées pour les rétri-
buer ne survécurent pas à l'Ancien Régime.

L'autel de Saint-Charles, en bois sculpté,
porte la date de 1682. Les fonts baptismaux
ne laissent pas que de surprendre. Ils simu-
lent une sorte de rocher dans lequel sont
incrustés des coquillages. « Ils ont été faits
en 1805 par les soins de J. Joseph Hallot,
curé » comme l'atteste le manuscrit rédigé
par lui et où il ajoute : « Madame Elizabeth
Duflos, née à Maignelay, épouse en secondes
noces du sieur de la Haye, établie à Rouen,
lui a procuré toutes les coquilles de mer
qui ont servis (*sic*) à décorer cette grotte. »
Dans deux excavations, niches rustiques :
Saint Jean l'Evangéliste et Saint Joseph. « Le
vase des fonts est de forme elliptique. » —
En face de la chaire, une inscription latine
relate la bénédiction, en 1901, de l'autel
principal et du presbytère. M. le doyen
de Maignelay jouit donc d'un presbytère
neuf. Celui de 1573 était « bien basti
de pierre, fermé de murs de terre avec
grange et establc. » En 1752, il « était
couvert en chaume et très mauvais », in-
convénients auxquels remédia, sans parvenir à un assainissement définitif, M. Mareux,
alors curé. Le curé actuel est mieux logé
que ses prédécesseurs. Tout change : les
habitations comme les circonscriptions
ecclésiastiques et les usages. En effet, les

anciens curés de Maignelay dépendaient du doyenné de Ressons. Au 16° siècle, ils avaient la dîme des agneaux, cochons et poulets, quelques novales montant par an à trente livres. Ils disposaient d'une « pièce de trois quartiers de vigne, situés audit lieu », d'un « petit bois dit le bois de la Madelaine », qui valait trente livres, de quatorze mines de terre, plus les menues dimes dudit terroir. Ils délivraient quittance pour « certains droits d'argent sur certaines vignes », pour le blé et l'avoine (mesure de Montdidier), que l'abbaye de Saint-Martin-aux-Bois et le seigneur leur devaient annuellement, pour le quartier de bois qu'un chevalier de l'ordre du roi était tenu de leur fournir.

A cinq heures du soir, il faut songer au retour par Montigny et Ravenel. Montigny est un des bourgs qui, dès le XII° siècle, obtinrent leur charte de commune. La sienne remonte à 1155. La cure était à la nomination de l'évêque de Beauvais et enclavée dans le doyenné de Ressons. L'église est vaste et bien éclairée. Au-dessus de la grand'porte, derrière l'orgue, on lit ces mots : CONDITUM, 1431 ; et, ensuite, ces autres mots : DEALBATUM, 1785. Jusqu'à preuve du contraire, on peut considérer la première date comme erronée. Les voûtes ne le cèdent en rien à celles de Maignelay. Quelques-unes ont leurs quartiers sculptés. La chapelle qui ferme le collatéral de gauche est particulièrement surchargée. Des boiseries non sans valeur entourent le chœur au milieu duquel on conserve un ange-lutrin, pièce assez rare et dont, jusqu'à ce jour, on n'a cité, dans l'Oise, que trois spécimens. L'ange de Montigny ne peut rivaliser avec celui de Liancourt-Saint-Pierre. Il est, cependant, supérieur à celui de Cuise-la-Motte. Il est posé sur un socle à moulures communes. Le profil du visage est ferme et noble à la fois. Le masque en est un peu épais, quoique d'un beau modelé. La tête respire la jeunesse, une jeunesse comme impassible et immunisée contre nos déclins et nos rides. Les bras, légèrement tendus en avant pour supporter le pupitre, tombent d'un mouvement symétrique. Les pieds sont chaussés de sandales. Un manteau à franges, qui sert de vêtement à l'ange, laisse la jambe gauche nue jusqu'au-dessus du genou et enveloppe complètement le côté droit du corps. La draperie, aux plis naturels mais apesantis, alourdit la statue. Rien d'aérien ou de diaphane dans cet ange. Ce n'est plus là un esprit vif et subtil. La volonté de l'artiste, impérieuse entrave, a brisé son essor : elle l'a asservi à la tâche subalterne de porte-livre. La figure gagnerait à être plus idéalisée. Néanmoins, tel quel, l'ange de Montigny est une belle œuvre. Il ne faut pas oublier, en effet, que, de tous les arts, la statuaire est celui dont les ressources sont le plus restreintes. L'église est accostée d'un clocher comme la Renaissance les préférait : flèche gothique supplantée par une coupole peu élevée avec un lanternon ou une aiguille. La caravane voulait précisément en comparer deux types intéressants : celui de Montigny et celui de Ravenel. Le premier est de facture beaucoup plus simple que le second.

Tous les détails de la tour de Ravenel,
panneaux largement traités ou enjolive-
ments menus et gracieux, perdus parfois
pour l'œil du spectateur, galerie, touril-
lons, chiffres et inscriptions n'eurent pas de
secret pour les excursionnistes, grâce à
M. le curé de Ravenel. Il voulut bien être
notre cicerone dans sa remarquable église,
dont la partie principale est une des der-
nières créations du style flambloyant. On
peut déterminer l'époque où elle fut livrée
au culte, car l'évêque de Beauvais accorda,
le 17 avril 1609, une autorisation « pour
bénir et dédier l'église de Ravenel par tout
évesque, mesme d'y dire la messe jusqu'au
jour de la Saint Jean-Baptiste prochain. »
Au maître-autel de style grec, aux lambris
du chœur, aux boiseries sculptées du banc
des marguilliers, à la chaire, à l'autel de la
Sainte-Vierge, nous ne pûmes malheureusement consacrer que quelques minutes. Il
est désirable qu'un de nos collègues copie
les épitaphes gravées en plusieurs endroits,
spécialement celle du mausolée de M. et de
Mme de Bouchart. Leurs enfants avaient fondé
quatre obits « pr. Messire Louis de Bouchart, seigneur de Ravenel, dame Marie du
Puis, son épouse, m^{re} Louis de Bouchart et
Sidonie le Caron, au jour de leur décedz, et
des saluts le jour de Quinquagésime et les
deux suivants, sur 19 livres de rente à percevoir sur le sieur Florimond de la Hoche. »
L'acte avait été passé par-devant Michaut,
notaire à Saint-Just, le 3 janvier 1668.
Notons qu'avant la Révolution, la cure de
Ravenel, comprise dans le doyenné de Breteuil, avait pour patron l'abbé de Saint-

Just et que les biens de cette cure furent vendus, le 20 octobre 1791 moyennant 20.100 livres. Ceux de la fabrique furent aliénés à quarante-huit acheteurs, vers la même époque, pour une somme beaucoup plus considérable. Cette aisance d'une paroisse rurale explique, jusqu'à un certain point, l'irréprochable tenue de l'église et l'opulence de son mobilier. Elles sont le résultat de sollicitudes, d'efforts, de soins, de libéralités séculaires dont la tradition se continue de nos jours.

*
* *

Le soleil, incliné déjà vers le couchant. nous avertit que la nuit approche. Nous regagnons Clermont dans la douce lumière du crépuscule. Puis, insensiblement, tout s'estompe et se voile de l'ombre transparente des soirs de juin, tandis que se classent, se coordonnent, se synthétisent dans la mémoire des excursionnistes les jouissances, intellectuelles et esthétiques dont les a gratifiés une journée de tous points réussie.

A. BEAUDRY.

V

Séance du 16 juillet 1903

—

PRÉSIDENCE DE M. LECLERC

Assistent à la séance : MM. Beaudry, Binant, Breuil, Dufrénoy, Lacaux, Leclerc, le docteur Parmentier, Recullet, l'abbé Rousmans, Scoté, Tarlier, Viez et le docteur Zègre.

Se sont excusés : MM. Chantareau, Gueudré, le docteur Joly, Labitte, Plessier, Sévrette et Vitrant.

Le procès-verbal de la séance précédente est adopté après lecture.

Au nom de M. Pierre Dufrénoy, M. Lacaux offre à la Société plusieurs photographies prises au cours de l'excursion du 30 juin dernier. Remercîments au donateur.

LECTURES

M. BEAUDRY. — *Un chapelain de l'hôtel Saint-Ladre de Clermont (1459).*

Une pièce inédite, tirée des archives de l'hospice de Clermont, fait les frais de cette étude. C'est le texte sur parchemin d'un jugement rendu en faveur de « messire Jean Tirelon, prestre, chanoyne de l'église collégialle N.-D. de Clermont », desservant « la chapelle Monseigneur Saint Laurent » en l'hôtel Saint-Ladre.

Le chapelain se plaignait de ne pas toucher les vingt livres parisis auxquelles montait son traitement annuel. Il déplorait de ne pouvoir pas célébrer dans la chapelle Saint-Laurent les messes et services aux-quels il était obligé, faute des objets indis-pensables au culte. Cet état de choses était imputable à la mauvaise volonté des pairs de Clermont, administrateurs de la mala-drerie. Ceux-ci lui déniaient, en outre, le droit de percevoir les offrandes d'argent et de cire qui étaient faites dans la chapelle. En conséquence, messire Tirelon attaquait les pairs en la personne de Pierre Tricot, boucher et receveur pour cette année 1459. Il entendait les contraindre, par justice, à lui donner satisfaction sur tous ces points.

De leur côté, les gouverneurs de la mala-drerie s'inscrivaient en faux contre le soi-disant titre de fondation, relatif aux vingt livres annuelles. Cette somme, l'hôtel Saint-Ladre ne pouvait la servir, même si elle était due. Par suite des guerres avec les Anglais, les revenus étaient réduits au sixième de leur ancienne valeur. Les offran-des appartenaient à la maladrerie. Enfin, prétendre astreindre le receveur à acheter chasubles, calice et livres pour les offices était une innovation qu'on ne tolèrerait pas.

Pour en finir, les adversaires se résignè-rent à un arbitrage. Ils s'en remettaient à la décision de Louis Dagombert, procureur, de Pierre de Tilliel, receveur général, et de Jean Lallier, lieutenant « sur le faict de la justice » de Jean II, comte de Clermont et du Forez, duc de Bourbon et d'Auvergne. Sur ces entrefaites, Jean Tirelon obtint de ce prince des lettres scellées par lesquelles le gouverneur de Clermont était invité à clore les débats le plus tôt possible. Ni les pairs de Clermont, ni Pierre Werry, leur procureur, ne contredirent à l'entérinement du mandement de M. de Bourbon. Ils étaient prêts à transiger pourvu qu'on eût égard à la diminution des revenus de la maladrerie. La sentence proclamait bientôt les réclamations de messire Jean Tirelon raisonnables et justes. On peut s'en convaincre par ces quelques lignes :

Tout veu et considéré ce qui faisoit à veoir et considérer en ceste partie, eu sur ce conseil et délibération aux sages, nous avons appoincté et appoinctons que depuis ce présent procès encommencé et que doresenavant ledit chapellain aura et prendra par la main desd. deffendeurs ou de leurs successeurs pers de lad. ville de Clermont sur les revenues dud. hostel Saint Ladre à cause de lad. chapelle, la somme de vint livres parisis par chacun an aux termes et en la manière acoustumée, en disant par lui ou faisant dire, chanter et célébrer en icelle chapelle par chacune sepmainne trois messes, l'une le dimenche environ heure de huit heures du matin et faire en icelle messe l'eaue benite comme anciennement a esté acoustumé ; l'autre messe le jour de mercredi et la troix^me messe le vendredi ; dont lesd. deffendeurs ou leurs successeurs oud. nom pour dire et célébrer lesd. messes lui seront tenus livrer : livre, chasuble, calice, adornemens et autres choses nécessaires pour ce faire, des revenues dud. hostel, pourveu toutes voies que s'il y avoit ou temps advenir oud. hostel ladres ung ou pluseurs ausquelz il convensist (?) querir et livrer leur provision pour leur vivre et nécessitez sur lesd. revenues

ainsy que a esté acoustumé d'ancienneté
ou qu'il y eust graves repparations à faire
sur led. hostel et sur lad. chapelle, par
quoy lesd. revenues ne peussent fournir
à paier les choses dessus dites aussy a
paier les charges que doit icellui hostel et
a livrer lesd. chasuble livre calice et
adornement dessus dits pour faire led.
service, en ce cas sera diminué oud. chappellain et a ses successeurs chappellains
de lad. somme de vint livres paris. par an
à l'équipolent et prorata que lesd. revenues ne pourroient fournir lesd. choses
dessus dites, et aussy en icellui cas led.
chappellain diminuroit dud. service si il
lui plaisoit selon ce que on lui auroit diminué de lad. somme, et au regard desd.
oblations de lad. chapelle tant d'argent
comme de cire, nous avons déclairé et
déclairons que ce qui en sera doresenavant offert ou cueur ou dedens le cueur
d'icelle sera et appartendra tant d'argent
comme de cire aud. chappellain et tout ce
qui en sera offert dedens lad. chapelle et
au dehors à l'entrée d'icelle hors led.
cueur sera et appartendra tant d'argent
comme de cire ausd. deffendeurs oud.
nom et à leurs successeurs ou au fermier
des revenues dud. hostel Saint Ladre,
tous despens de ceste présente cause et
procès compensez et pour cause par nostre sentence diffinitive et par droit. En
tesmoirg de ce nous avons seellé ces présentes du seel aux causes de la court dud.
Clermont. Ce fut fait et prononcié en jugement aud. lieu de Clermont en la présence
dud. demandeur et de Pierre Werry procureur desd. deffendeurs, le jeudi six^{me}
jour de septembre l'an mil quatre cens
cinquante neuf.

(Signé) : P. ERMOND (?).

M. Pouillet. — *Conséquences à Clermont de la loi sur la Constitution civile du clergé.*

La mort qui frappa en plein labeur le regretté fondateur de la Société archéologique l'a empêché de composer un ouvrage : « *Clermont pendant la Révolution* », en vue duquel il avait amassé des documents nombreux. Ces matériaux précieux, restés sur le chantier, ne seront pas perdus, cependant, pour la science historique. Des mains amies s'efforceront de les utiliser pour édifier, assise par assise, ce monument que M. Pouillet avait compté dresser lui-même en témoignage de son attachement profond à Clermont.

L'application dans cette ville des lois votées en matière religieuse par la Constituante et la Législative eût exigé de M. Pouillet plusieurs chapitres. Ce sont les éléments du premier de ces chapitres qui sont communiqués à la Société, après l'énoncé sommaire des mesures édictées de 1789 à 1792 sur les biens d'Eglise, les ordres monastiques, la constitution civile du clergé.

Un des ecclésiastiques, dont le nom avait été jeté le plus souvent dans le public à la suite des nouveaux événements, était indubitablement Sallentin, curé de Mouy. De concert avec Isoré et Le Grand, il avait rédigé une adresse à ses concitoyens du district pour hâter la fin « des troubles qui affligeaient quelques cantons, de la violation des propriétés nationales et privées » et des atermoiements dans la rentrée des impôts. Cette proclamation alluma contre Sallentin d'ardentes colères et de sourdes inimitiés. Le 28 octobre 1790, comme il sortait du couvent de Saint-André, il fut salué, à plusieurs reprises, de ces mots menaçants : « A la lanterne ce f..... curé de Mouy ! » Ces injures l'ayant accueilli en d'autres endroits de la ville, il devint inquiet pour sa personne et pria le directoire du district de veiller à sa sûreté. On le lui promit sur-le-champ. De plus, afin que les habitants de Clermont ne pussent prendre le change sur la pensée de Sallentin, on résolut de répandre en ville de nombreux exemplaires de l'adresse qui n'était « que l'expression des sentiments de tous les bons Français citoyens. » L'hostilité contre Sallentin ne désarma pas néanmoins. Dans la matinée du 31 octobre, le sieur Martin, tapissier, ramassait dans la rue une lettre dont le signataire au nom indéchiffrable entretenait Sallentin de l'espoir d'avoir la maison de Saint-André par son intermédiaire. Commission de trois mille livres en cas de succès. Le correspondant ajoutait : « Je crains bien que nous ne puissions pas réussir ; l'on m'a dit que la canaille du faubourg voulait s'y opposer. » Evidemment, on voulait indisposer et ameuter les habitants contre Sallentin. Celui-ci dénonça ces manœuvres aux membres du directoire du district qui certifièrent officiellement l'honorabilité et le civisme du curé de Mouy. (4 novembre 1790).

Quelques jours après, M. Hauduroy, dans une requête où il s'autorisait de l'article IV du décret du 24 juillet, demandait qu'on réglât, conformément à ses désirs, sa situation pécuniaire comme curé de Saint-Samson, chanoine de N.-D. de Clermont et pensionnaire du roi sur l'évêché de La Rochelle. Le 9 janvier 1791, MM. Hauduroy, Poitevin, prêtre habitué de la paroisse, Baticle, chapelain de l'hôpital, acceptaient la Constitution civile du clergé avec cette restriction : « Persuadés qu'elle ne portera point atteinte aux objets essentiellement dépendants de l'autorité spirituelle. » Lucien Warée, principal du collège, jura tout uniment. Mais Sallentin ne se contenta pas de la formule ordinaire. Elle fut pour lui un thème à variations oratoires : d'où son discours du 16 janvier 1791, moitié sermon redondant, moitié harangue politique, et qui eut beaucoup de retentissement.

Le décret de l'Assemblée nationale du 9 janvier 1791 interdisait tout préambule, toute explication avant ou après le serment qui devait être « prononcé purement et simplement ». L'abbé Hauduroy n'y consentit pas. Il maintint les réserves dont il avait accompagné son serment et, finalement, le rétracta au prône du dimanche 13 février. Selon les prescriptions de la loi du 31 janvier, il fut destitué de ses fonctions comme réfractaire. La même mesure atteignit les curés de Rantigny, d'Uny-Saint-Georges, d'Hondainville, de Verderonne et de Cinqueux. Les électeurs furent convoqués le 3 avril pour choisir à leur place des prêtres assermentés. Warée fut nommé curé de Saint-Samson. Aussitôt, l'abbé Poitevin, obéissant aux mêmes mobiles que M. Hauduroy, quitta Clermont. Le vicariat fut offert à Jean-Baptiste Parmentier, ci-devant procureur du couvent de la Garde et qui prêta serment, le 17 avril suivant, à l'église, devant les officiers municipaux et les notables composant le conseil général de la commune de Clermont.

Après cet intéressant exposé, M. le Président rappelle que la Société prend trois mois de vacances et ne se réunira pas avant le mois de novembre. Et la séance est levée.

Séance du 19 novembre 1903

PRÉSIDENCE DE M. SÉVRETTE

Assistent à la séance : MM. l'abbé Beaudry. Binant, Chantareau, Delamarre, Laurain, Leclerc, le docteur Parmentier, l'abbé Ronsmans, Sévrette, Tarlier, l'abbé Toullet, Tremblay, Trouvain et Viez.

M. le président fait agréer les excuses de MM. Lacaux, Moreux et le docteur Zègre.

Le procès-verbal de la séance de juillet est adopté sans observations.

DONS ET DIVERS

Des remerciments sont votés à M. le chanoine Marsaux pour son gracieux envoi de plusieurs gravures concernant l'ancien château de Liancourt et ses pièces d'eau.

Sont ensuite admis, à l'unanimité, comme membres titulaires :

MM. Boullanger, banquier à Clermont, présenté par MM. Sévrette et Beaudry ;

Emile Mahieux, maire de Fitz-James, présenté par MM. Sévrette et Tremblay ;

Mesnard, à Crépy-en-Valois, présenté par MM. Ronsmans et Beaudry ;

Théron, propriétaire à Clermont, présenté par MM. Samson et Tarlier.

LECTURES

M. PARMENTIER. — *Note sur un tronc du quinzième siècle de l'église de Rosoy.* — Les points essentiels de ce travail sont reproduits intégralement :

« Ce tronc, d'une hauteur de 95 cent., comprend deux parties faites d'un seul et même bloc de chêne : le tronc proprement dit et la colonne qui le supporte.

« Le tronc présente à étudier une face supérieure et des faces latérales : la face inférieure n'existe pas ; c'est la continuation de la colonne.

« La face supérieure de 22 cent. de largeur, de forme octogonale dont quatre grands côtés encadrent les autres plus petits, est garnie entièrement, sauf en arrière, par une plaque de fer épaisse et maintenue par de forts clous : elle est percée, en avant et au milieu, d'une fente de 3 cent. de longueur sur 4 millimètres environ de largeur par où les pièces de monnaie arrivaient de l'extérieur dans la cavité du tronc.

« Les faces verticales, au nombre de huit,
répondant aux côtés de la face supérieure,
mesurent 32 cent. de hauteur ; elles sont
pleines et sans décoration. L'une est ap-
puyée au mur ; celle qui lui est directe-
ment opposée est percée d'une porte dont
les dimensions sont à peine moins grandes
que le côté qui la contient. Deux ferrures de
5 cent. de hauteur font le tour du tronc
symétriquement en haut et en bas des faces
latérales : elles s'arrêtent de part et d'autre
au niveau de la partie postérieure. Deux
autres ferrures de même largeur, interca-
lées et régulièrement espacées, servent d'attache et de fermeture à la porte. Elles sont
formées de trois parties : l'une, située à
gauche en regardant l'ouverture du tronc,
va jusqu'au niveau du premier côté de la
porte ; là, elle s'engrène sur une deuxième
partie fixée sur la porte même ; cette portion s'engrène à son tour avec une troi-
sième partie qui va s'arrêter à la face postérieure. Les charnières sont simples : une
simple tige de fer réunit les différents éléments se pénétrant l'un l'autre. Ce tronc
semblait donc se fermer non par une serrure
ou par des cadenas, mais par un simple
clou que l'on devait retirer à chaque fer-
rure en le chassant à l'aide d'un autre clou.
Comme on le voit, cette fermeture est très
rudimentaire. Il ne manque à cet ensemble
que la partie gauche de la deuxième fer-
rure.

« La porte donne accès à l'intérieur du
tronc : le bloc de bois a été simplement
creusé d'une cavité en forme de coin de
6 cm. de profondeur et de 3 cm. de largeur

à la partie antérieure. Toutes ces ferrures entourant les faces verticales sont fixées par de forts clous enfoncés dans le bois.

« Le support est formé par une colonne engagée dans une partie de bois à peine équarrie de section carrée qui devait s'enfoncer dans la paroi où était fixé le tronc : la façon dont cette portion est entaillée à la partie inférieure permet même de penser que le mur d'appui devait présenter en bas un ressaut assez fort.

« Une moulure en forme de cavet, puis d'astragale, réunit le tronc et la colonne.

« Le fût, d'une largeur de 14 cm. environ, présente une forme que l'on peut considérer comme hexagonale, bien que tous les côtés ne soient pas dégagés : trois faces sont complètes. On y remarque deux lignes creusées dans le bois : elles sont parallèles, en forme de zig-zag allant du haut du fût pour atteindre presque la base, puis remonter en forme de V sur les autres côtés : cela forme une décoration assez originale. Deux autres faces sont visibles. situées de part et d'autre de celles que nous venons de décrire ; mais elles sont.beaucoup plus petites et s'enfoncent dans le plein du support. Des traces de peinture rouge se voient sur ces différents côtés.

« La base de la colonne est absolument semblable à celle des piliers du XVe siècle de forme hexagonale ; elle mesure 24 cm. de largeur. Elle s'appuie sur un socle nu de même forme. »

M. le docteur Parmentier termine sa communication par ces paroles :

« Il est regrettable que de telles parties

du mobilier de nos églises soient abandonnées à la merci de tous : la place de semblables curiosités archéologiques serait dans un musée où chacun pourrait venir les étudier et où elles seraient à l'abri de toute déprédation et protégées le plus possible des atteintes du temps. »

A ce propos, plusieurs membres disent qu'ils ont vu, au cours de leurs promenades, des statues anciennes ici devenues une cible aux pierres des enfants, là exposées aux intempéries. Ils expriment le désir que M. le conservateur du musée cherche le moyen de les recueillir et de les sauver. Si elles ne sont pas un bien vacant, elles semblent un bien délaissé. En toute hypothèse, elles feraient meilleure figure dans une salle réservée à l'art local.

M. Laurain. — *Une pierre de la Bastille à Clermont (6 février 1792).*

Il est inutile de déflorer par l'analyse cette étude qui paraîtra dans les « Mémoires » de la Société.

Enfin, l'ordre du jour étant épuisé, on s'ajourne au 17 décembre, et la séance est levée.

Séance du 17 décembre 1903

PRÉSIDENCE DE M. SÉVRETTE

Sont présents : MM. l'abbé Beaudry, Breuil, le docteur Joly, Labitte, Lacaux, le chanoine Morel, le docteur Parmentier, Recullet, Sévrette, Tarlier, Tremblay et Viez.

Se sont excusés : MM. Plessier, Tassart, Trouvain, Vitrant, le docteur Zègre.

Le procès-verbal de la séance précédente est lu et adopté.

Sur la présentation de Mme Pouillet et de M. Tremblay, Mme Tisserand, propriétaire à Clermont, est élue membre titulaire, à l'unanimité.

M. le président annonce à ses collègues qu'il a reçu pour la bibliothèque de la Société les ouvrages suivants :

Un tremblement de terre dans l'Oise en 1756, par L. Thiot, membre de la Société académique de l'Oise (plaquette) ;

Comptes rendus et mémoires du comité archéologique de Senlis (4e série. Tome V. Année 1902) ;

Obsèques de M. l'abbé Vattier, président de la Société historique de Compiègne. (Extrait du tome XII des procès-verbaux, rapports, etc., de la Société historique de Compiègne. Année 1903) ;

Documents pour servir à l'histoire du district de Noyon (1790-1791), par M. Loire, instituteur à Roye-sur-Matz, membre de la Société de Clermont.

M. le secrétaire assurera les donateurs de la reconnaissance de la Société.

* * *

Conformément à l'article VIII du règlement. M. Beaudry prend la parole pour le compte rendu annuel des travaux de la Société. Il s'exprime ainsi :

« Messieurs,

« Le rapport que j'ai à vous présenter aujourd'hui doit, si je ne m'abuse, viser à la brièveté, brièveté désirable, presque obligatoire, puisqu'il s'agit de parler de nous, de nos efforts, de nos travaux, et puisque nous ne voulons pas verser dans le ridicule d'être un syndicat d'admiration mutuelle et bénévole avec répartition périodique de compliments. Ainsi, la brièveté de votre secrétaire sera, Messieurs, une des formes de notre modestie.

« La modestie, d'ailleurs, sied toujours, surtout à un jeune groupement comme le nôtre. L'unique mérite que nous entendions revendiquer actuellement est la bonne volonté et l'amour désintéressé de l'histoire et de l'archéologie. En effet, la pensée qui nous a réunis ne nous a pas attendus pour se faire jour dans l'arrondissement. Nous avons repris un essai tenté déjà par un comité local de la Société des Antiquaires de Picardie et qui fut installé à Clermont le 26 avril 1847. A la séance d'inauguration, M. Ledicte-Duflos prononçait ces paroles que nous pouvons encore

nous approprier : « Loin de nous les prétentions au bruit et à l'éclat, nous voulons
seulement apporter à la ruche commune le léger butin que peuvent amasser nos
loisirs dans un pays riche en souvenirs
historiques, en monuments religieux. »
Malheureusement, il est facile de concevoir
de bons desseins et de longs espoirs, il l'est
moins de les réaliser. Le registre du comité
le prouve. Après le procès-verbal de la
sixième et dernière séance, tenue le 21 mai
1849, il ne contient plus que de vides, mé-
lancoliques et trop nombreuses pages blan-
ches : le comité avait péri d'inanition. La
triste fin de nos prédécesseurs, soucieux
comme nous des choses du passé, avides
aussi des artistiques émotions que nous
recherchons, cette triste fin, dis-je, montre
bien qu'il ne faut pas trop enfler la voix,
escompter trop l'avenir, se promettre trop
une action profonde. Or, l'échec n'a jamais
mis en mauvaise posture que ceux qui af-
fichent des ambitions exagérées ou imper-
tinentes. Et comme, d'autre part, aucun succès ne paraît plus complet et plus justifié
que celui de la modestie, nous y tenir,
comme je vous y convie, Messieurs, est une
ligne de conduite d'où résultera pour la Société tout honneur et tout profit.

« Mais notre modestie ne nous empêche
pas de savoir et de répéter que notre Société vit, non d'une façon précaire ou ché-
tive, mais d'une existence régulière et
utile. Au début, nous eûmes les oreilles
rebattues de cette phrase sceptique, où
se cachait mal quelque commisération :
« Votre but est louable. Il y a beaucoup à

faire, certes. Néanmoins, durerez-vous ? »
— De fait. nous durons, malgré la perte de
notre distingué fondateur. Et, cependant,
son entrain communicatif, sa tenace application, sa chaude conviction semblaient un
indispensable facteur de notre prospérité.
Vingt-deux études ont été lues dans nos
séances : c'est un bilan fort honorable pour
des commençants. L'analyse de ces études
est le fond de notre « Bulletin », devenu de
la sorte un instrument de travail, une
source de renseignements et d'informations
dont les chercheurs nous ont été et nous
seront reconnaissants. Et cela même me
dispense de me perdre dans des détails fas-
tidieux ou de m'attarder dans des répéti-
tions oiseuses. Un classement rapide suf-
fira pour dresser notre inventaire de fin
d'année.

« 1°) *Etablissements religieux et hospi-
taliers.* — Nous avons, grâce à nos confrères, appris à mieux connaître la prévôté
d'Angicourt et la maladrerie de Clermont,
— les démêlés qui agitèrent au XVIIᵉ siècle le chapitre de la collégiale Notre-Dame
de Clermont, — l'origine, les premières
dotations de l'abbaye de Breteuil et les
prodromes de la réforme qui y devint né-
cessaire. Nous avons assisté à l'élection et
à l'installation d'un principal du collège de
Clermont, à la fin de l'ancien régime.

« 2°) *Communautés rurales.* — M. l'archiviste de l'Oise nous a envoyé quelques
textes sur la seigneurie et les droits de
l'abbaye de Saint-Quentin de Beauvais, à
Airion. Entre temps, on avait traité d'une

enquête relative à l'école de Breuil-le-Sec, d'un projet de partage des biens communaux et de la situation financière de cette paroisse — le tout pour servir à son histoire dans la deuxième moitié du XVIII' siècle.

« 3°) *Biographies.* — Revenant sur une question controversée, M. Laurain nous a fait bénéficier d'une étude très remarquée sur la « Patrie de Fernel ». — De son côté, M. le président burinait minutieusement et habilement le portrait curieux et attachant du « premier duc de Fitz-James. »

« 4°) *Epoque révolutionnaire.* — Deux membres de la Société ont sacrifié avec raison au goût qui pousse beaucoup de contemporains à diriger leurs investigations sur cette période si importante. Ils se sont cantonnés dans Clermont : l'un, racontant la remise d'une pierre de la Bastille à la municipalité, l'autre, l'application de la Constitution civile du clergé et de la loi sur les suspects.

« 5°) *Archéologie.* — L'histoire proprement dite a tellement absorbé les préoccupations de la Société qu'elle se trouve un peu à court, un peu indigente sur ce second point de son programme. Elle s'en consolera, pourtant, puisqu'il lui sera permis d'insérer dans ses « Mémoires » une communication compétente sur le retable de Maignelay par M. le chanoine Marsaux et le travail dans lequel M. le docteur Parmentier l'a mise au courant de sa découverte de peintures anciennes dans l'église de cette commanderie de Neuilly dont il a fouillé tous les recoins, identifié et décrit tous les détails notables et intéressants.

« Au nom du bureau, et en notre nom à tous, Messieurs, je remercie et je félicite les auteurs des travaux que je viens d'énumérer. Leur méthode est sûre ; leur érudition, avertie ; leurs conclusions, prudentes. Nous leur savons gré d'avoir ouvert la marche. Nous les suivrons et nous grossirons leurs rangs. Dans ces conditions, la Société archéologique et historique de Clermont étendra chaque année le cercle de ses explorations dans un domaine où il reste beaucoup à exploiter. Elle ne se contentera pas d'exhumer ou plutôt de continuer à exhumer de l'inédit. Elle rectifiera, au besoin, les opinions aventurées ou les assertions erronées, fussent-elles accréditées par le temps. En de telles matières, possession ne vaut pas titre. Et nous serions confus qu'on ose nous décerner cet étrange éloge maladroitement infligé à un psychologue du commencement du siècle dernier, qu'il « inventa la vérité ». Nous, Messieurs, sans parti pris, nous la constaterons quand il faudra. Nous la saluerons, de bon cœur sans redouter, à l'occasion, les discussions courtoises. Nous accomplirons, par suite, œuvre sérieuse : c'est le but que nous nous proposons. Ce soin scrupuleux de la précision et de l'exactitude rigoureuse ne préjudiciera en rien à la satisfaction que nous éprouverons de mieux pénétrer dans l'intimité du passé, en admirant les édifices qu'il a construits, en feuilletant, en compulsant les documents où, peut-on répéter avec le poète :

« Le parfum
Du bon vieux temps se garde encore.
On y parle le patois
D'autrefois
Rude chantant et sonore ».

« Si le patois, le picard ne s'y rencontrent pas toujours, c'est au moins la vieille
langue. — De tout cela nous tirerons, Messieurs, un double avantage : jouir par l'esprit et promouvoir l'avancement des scien-
ces historiques dans la mesure de nos
moyens. »

En quelques mots, M. le président insiste
aimablement sur l'accueil favorable fait par
l'assemblée au rapport de M. le secrétaire,
— signe non équivoque qu'elle en approuve
pleinement tous les termes.

Ensuite, il invite ses collègues à consti-
tuer le bureau de la Société pour l'année
1904. Sont nommés par acclamation :

Président d'honneur. — M. le comte de
Luçay.

Président. — M. Sévrette.

Vice-président. — M. le docteur Joly.

Secrétaire. — M. Beaudry.

Secrétaire-adjoint. — M. Lacaux.

Trésorier. — M. Tarlier.

Bibliothécaire. — M. Tremblay.

*Membres de la commission de publica-
tion*. — MM. Breuil, Dufrénoy, Samson.

*Membres de la commission des finan-
ces*. — MM. Garet, Plivard, Tremblay.

*
* *

M. le chanoine Morel, correspondant du
ministère de l'Instruction publique, veut

bien communiquer à la Société une étude sur l'église de Saint-Martin-aux-Bois. Il ne se borne pas à célébrer en connaisseur enthousiaste les mérites architectoniques de ce monument : il passe en revue le mobilier, les stalles, les statues, les inscriptions, les ornements anciens, les cloches, tout ce qui doit, en un mot, arrêter l'attention de l'archéologue. Il entremêle son exposé de notes historiques où apparaissent, à tour de rôle, les bienfaiteurs, les chefs de l'abbaye depuis les temps les plus reculés.

Les applaudissements ne sont pas ménagés au travail très apprécié de M. le chanoine Morel auquel M. le président réitère les compliments et les remercîments de tous. Il ajoute que la Société désirerait que cette étude lui soit confiée pour être publiée dans les « Mémoires » pour l'année 1904. M. le chanoine Morel promet de la remettre au bureau, après certaines vérifications et retouches qu'il estime utiles.

Rien n'étant plus à l'ordre du jour, la séance est levée.

ÉTAT DE LA SOCIÉTÉ

en Janvier 1904

Bureau pour l'année 1904

Président d'honneur. — M. le comte de
Luçay, ✳.
Président. — M. Sévrette, ✳, ✪ I.
Vice-Président. — M. le Docteur Joly.
Secrétaire. — M. Beaudry.
Secrétaire-adjoint. — M. Lacaux.
Trésorier. — M. Tarlier.
Bibliothécaire. — M. Tremblay.

Commission de publication

MM. Breuil, Dufrénoy et Samson.

Commission des finances

MM. Garet, ✪ A., Plivard et Tremblay.

Membres titulaires

MM. Beaudry (l'abbé), curé de Breuil-
le-Sec.
Bénaut, président du Tribunal de Clermont.
Bilheux, libraire à Clermont.

BINANT, propriétaire, à Saint-Just.

BLANCHE, notaire honoraire, à Clermont.

BOULET, propriétaire, à Sarron.

BOULLANGER (A.), banquier à Clermont.

BREUIL, ancien magistrat, à Clermont.

BREUIL (l'abbé), correspondant de l'*Ecole d'anthropologie*, à Paris.

BROISSART (l'abbé), chanoine honoraire, curé-doyen de Breteuil.

CAILLARD, avoué à Clermont.

CAUCHY, ingénieur des Arts et Manufactures, 8, boulevard Denain, à Paris.

CHANTAREAU, O. 🐝, vétérinaire, conseiller d'arrondissement, à Clermont.

CHOTARD (l'abbé), vicaire à Clermont.

COLLIN, avoué à Clermont.

CUVINOT, ✺, sénateur de l'Oise, à Agnetz.

DAIX (Paul), directeur du *Semeur de l'Oise*, à Clermont.

DELAMARRE, banquier à Clermont.

DELAMARRE (Lucien), avocat, 201, rue du Temple, à Paris.

DOBIGNY, avocat, à Sarron.

DOUAIS (Mgr), évêque de Beauvais.

DUBUY, propriétaire, à Rantigny.

DUCHAUFFOUR, 🐝, maire de Sacy-le-Grand.

DUFRÉNOY, ancien notaire, à Clermont.

DUMONT, agriculteur à Rouvillers.

DUQUESNEL, 🏵 A., député de l'Oise, conseiller général, à Montigny.

FLOURY (l'abbé), curé de Montjavoult.

GARET. ⚜ A., juge de paix à Clermont.

GÉRARDIN, notaire à Tricot.

GORLIN (l'abbé), vicaire à Liancourt.

GORLIN, trésorier de la Caisse d'Epargne, à Clermont.

GUESNET (Auguste), propriétaire, à Clermont.

GUESNET, ✻, ⚜ I., conseiller général, à La Neuville-en-Hez.

GUEUDRÉ, maire de Clermont.

HUBERT, directeur du *Journal de Clermont.*

JOLY (le docteur), médecin à Clermont.

LABITTE, pharmacien à Clermont.

LACAUX, avoué à Clermont.

LATTEUX, maire du Mesnil-Saint-Firmin.

LAURAIN, ⚜ A., archiviste départemental, à Laval.

LECLERC, ⚜ A., maire de Breuil-le-Sec.

LOIRE, instituteur à Roye-sur-Matz.

LOYOT (l'abbé), de la *Société des Artistes Français*, 3, rue Ramon, à Charenton (Seine).

LUÇAY (le comte de), ✻, correspondant de l'Institut, à Hondainville.

LUPPÉ (le marquis de), au château de Beaurepaire, par Pont-Sainte-Maxence.

MAÎTRE, au château de Béthencourtel, à Clermont.

MAHIEUX (Ernest), maire de Fitz-James.

MARSAUX (l'abbé), vicaire général, à Beauvais.

MESNARD, 2, rue de Soissons, à Crépy-en-Valois.

MONVILLEZ (Madame), propriétaire, à Breteuil.

NIMBEAU, architecte du gouvernement, à Clermont.

PAILLET, avocat, à Clermont.

PARMENTIER (le docteur), médecin à Clermont.

PILLON-DUFRESNES, ✧ I., bibliothécaire à la Bibliothèque nationale , à Paris.

PISIER, avoué à Clermont.

PLESSIER (E.), propriétaire, à Breuil-le-Sec.

PLIVARD, notaire à Clermont.

POUILLET (Madame), propriétaire, à Clermont.

RAFFRAY, pharmacien à Clermont.

RANSSON (l'abbé), curé d'Avrechy.

RECULLET, avoué à Clermont.

RENAUD, greffier de la justice de paix, à Liancourt.

RONSMANS (l'abbé), curé de Nointel.

ROUSSEL, ✧ I., archiviste départemental, à Beauvais.

ROUX, ✳, ❀, trésorier-payeur de la Guadeloupe.

SAMSON (Georges), architecte à Clermont.

SAUVAGE, ✧ A., inspecteur de la Cⁱᵉ l'*Aigle*, à Clermont.

SAUVAGE, greffier en chef du Tribunal civil, à Clermont.

Scoté, juge au Tribunal de Clermont.

Seigneurgent (Paul), 114 *bis*, rue Michel-Bizot, à Paris.

Sévrette, ✠, ◉ I., professeur honoraire du Lycée Louis-le-Grand, conservateur du Musée, à Clermont.

Sornay, receveur de l'Enregistrement, à Clermont.

Tarlier, propriétaire, à Clermont.

Tassart, ancien magistrat, à Clermont.

Théron, propriétaire, à Clermont.

Tisserand (Madame), propriétaire, à Clermont.

Toullet (l'abbé), chanoine honoraire, archiprêtre, curé de Clermont.

Tremblay, bibliothécaire de la Ville, à Clermont.

Trouvain, propriétaire, à Clermont.

Varlet, ✠, ◉ A., suppléant du juge de paix, à Bulles.

Viénot, notaire à Clermont.

Viez, propriétaire, à Clermont.

Vitrant, avoué à Clermont.

Watin, pharmacien à Crèvecœur.

Zégre (le docteur), médecin à Clermont.

Membres honoraires

Le Préfet de l'Oise.
L'Évêque du diocèse de Beauvais.
Le Sous Préfet de Clermont.

Membres correspondants

MM. Archiac (le comte d'), ✻, à Villers-Saint-Paul.

Ault du Mesnil (d'), ◉ I., 225, Faubourg-Saint-Honoré, à Paris.

Bernard (Henri), ◉ A., architecte, inspecteur des monuments historiques, à Compiègne.

Bonnault d'Houet (de), secrétaire de la Société historique de Compiègne.

Bourde de la Rogerie, archiviste départemental, à Quimper.

Brière (F.), trésorier du Comité archéologique de Noyon.

Bry (Emile), président du Comité archéologique de Noyon.

Caix de Saint-Aymour (le vicomte Amédée de), membre de la Commission des Monuments historiques, 112, boulevard de Courcelles, à Paris.

Calonne (le baron Albéric de), 21, rue Debray, à Amiens.

Capitan (le docteur), professeur à l'Ecole d'anthropologie, 5, rue des Ursulines, à Paris.

Couard, ◉ I., archiviste départemental, à Versailles.

Depoin (Joseph), ◉ I., secrétaire de la Société historique de Pontoise et du Vexin, à Pontoise.

Dupuis (Ernest), ✻, conseiller général,

président du Comité archéologique de Senlis, à Pontarmé.

GUYENCOURT (Robert de), 1, rue Gloriette, à Amiens.

LABANDE, ✪ I., conservateur de la bibliothèque et du musée Calvet, à Avignon.

LEBLOND (le docteur), président de la Société académique de l'Oise, à Beauvais.

LEFRANC (Abel), ✪ I., secrétaire du Collège de France, à Paris.

MARTIN-SABON, ✪ I., ingénieur des Arts et Manufactures, 5 *bis*, rue Mansart, à Paris.

MOREL (l'abbé), ✪ A., chanoine honoraire, correspondant du Ministère de l'Instruction publique, vice-président de la Société historique de Compiègne, curé de Chevrières.

MULLER (l'abbé), ✪ A., chanoine honoraire, aumônier de l'hôpital Condé, à Chantilly.

PIHAN (l'abbé), chanoine honoraire, secrétaire perpétuel de la Société académique de l'Oise, curé-doyen d'Estrées-St-Denis.

PLESSIER (L.), président de la Société historique de Compiègne, 9, rue de Lancry, à Compiègne.

PONTHIEUX, secrétaire du Comité archéologique de Noyon, à Berlancourt.

PUJOL DE FRÉCHENCOURT, 6, rue Gloriette, à Amiens.

RÉGNIER (Louis), ✪ A., 9, rue Meilet, à Evreux.

VATIN, juge de paix à Senlis.

TABLE DES MATIÈRES

I

Procès-Verbaux de 1903

SÉANCE DU 19 NOVEMBRE

SÉANCE DU 17 DÉCEMBRE

II

Excursion du 30 juin

III

Etat de la Société